SCHOPENHAUER

L'Art
d'avoir toujours raison
La Dialectique éristique

Traduit de l'allemand par
Dominique Miermont

Postface de
Didier Raymond

Illustrations de
Aurélia Grandin

ÉDITIONS MILLE ET UNE NUITS

SCHOPENHAUER
n° 191

Texte intégral
Titre original :
Eristische Dialektik

Sommaire

SCHOPENHAUER

L'Art d'avoir toujours raison

L'Art d'avoir toujours raison

La dialectique [1] éristique est l'art de disputer, et ce de telle sorte que l'on ait toujours raison, donc *per fas et nefas* (c'est-à-dire par tous les moyens possibles) [2]. On peut en effet avoir *objectivement* raison quant au débat lui-même tout en ayant tort aux yeux des personnes présentes, et parfois même à ses propres yeux.

---

1. Chez les Anciens, « logique » et « dialectique » sont le plus souvent employés comme synonymes. Chez les Modernes également.
2. Le terme d'éristique serait seulement un mot plus dur pour désigner la même chose. – Aristote (selon Diogène Laërce, V, 28) regroupait la rhétorique et la dialectique dont l'objectif est la persuasion, τὸ πιθανόν ; puis l'analytique et la philosophie dont la finalité est la vérité. – Διαλεκτικὴ δέ ἐστι τέχνη λόγων, δι'ἧς ἀνασκευάζομέν τι ἢ κατασκευάζομεν ἐξ ἐρωτήσεως καὶ ἀποκρίσεως τῶν προσδιαλεγομένων (la dialectique est un art du discours au moyen duquel nous réfutons quelque chose ou l'affirmons avec des preuves, et cela au moyen des questions et des réponses des discutants). Diogène Laërce, III, 48 (Vie de Platon). – Aristote distingue certes 1) la logique ou analytique en tant que théorie ou méthode pour arriver aux conclusions exactes, dites conclusions apodictiques ; 2) la dialectique ou méthode pour arriver aux conclusions considérées comme exactes et adoptées comme telles – ἔνδοξα, *probabilia* (*Topiques* I, chap.1 et 12), sans qu'il ait été

En effet, quand mon adversaire réfute ma preuve et que cela équivaut à réfuter mon affirmation elle-même, qui peut cependant être étayée par d'autres preuves – auquel cas, bien entendu, le rapport est inversé en ce qui concerne mon adversaire : il a raison bien qu'il ait objectivement tort. Donc, la vérité objective d'une proposition et la validité de celle-ci au plan de l'approbation des opposants et des auditeurs sont deux choses bien distinctes. (C'est à cette dernière que se rapporte la dialectique.)

D'où cela vient-il ? De la médiocrité naturelle de l'espèce humaine. Si ce n'était pas le cas, si nous étions foncièrement honnêtes, nous ne chercherions, dans tout débat, qu'à faire surgir la vérité, sans nous soucier de savoir si elle est conforme à l'opinion que

---

démontré qu'elles soient fausses, mais pas non plus qu'elles soient vraies (en soi et pour soi) ; car ce n'est pas cela qui importe. Or qu'est-ce d'autre que l'art d'avoir toujours raison, que l'on ait au fond raison ou non ? Donc l'art de parvenir à l'apparence de la vérité sans se soucier de l'objet de la controverse. C'est pourquoi, comme cela fut dit au début, Aristote distingue en fait les conclusions logiques, dialectiques, comme cela vient d'être noté, puis 3) les conclusions éristiques (l'éristique) où la forme finale est correcte, mais les thèses mêmes, la matière, ne sont pas vraies mais paraissent seulement l'être, et enfin 4) les conclusions sophistiques (la sophistique) où la forme finale est fausse mais paraît exacte. Ces trois derniers types font en fait partie de la dialectique éristique puisqu'ils visent tous non pas à la vérité objective mais à son apparence, sans s'occuper d'elle, donc à avoir toujours raison. Le livre sur les conclusions sophistiques n'a été édité que plus tard et séparément : c'était le dernier livre de la Dialectique (N.d.A.).

nous avions d'abord défendue ou à celle de l'adversaire : ce qui n'aurait pas d'importance ou serait du moins tout à fait secondaire. Mais c'est désormais l'essentiel. La vanité innée, particulièrement irritable en ce qui concerne les facultés intellectuelles, ne veut pas accepter que notre affirmation se révèle fausse, ni que celle de l'adversaire soit juste. Par conséquent, chacun devrait simplement s'efforcer de n'exprimer que des jugements justes, ce qui devrait inciter à penser d'abord et à parler ensuite. Mais chez la plupart des hommes, la vanité innée s'accompagne d'un besoin de bavardage et d'une malhonnêteté innée. Ils parlent avant d'avoir réfléchi, et même s'ils se rendent compte après coup que leur affirmation est fausse et qu'ils ont tort, il faut que les apparences prouvent le contraire. Leur intérêt pour la vérité, qui doit sans doute être généralement l'unique motif les guidant lors de l'affirmation d'une thèse supposée vraie, s'efface complètement devant les intérêts de leur vanité : le vrai doit paraître faux et le faux vrai.

Toutefois cette malhonnêteté même, l'obstination à défendre une thèse qui nous semble déjà fausse à nous-mêmes, peut être excusable : souvent, nous sommes d'abord fermement convaincus de la vérité de notre affirmation, mais voilà que l'argument de notre adversaire semble la renverser ; si nous renonçons aussitôt à la défendre, nous découvrons souvent après coup que nous avions tout de même raison ; notre preuve était fausse, mais notre affirmation pouvait être étayée par une bonne preuve. L'argument salvateur ne nous était pas immédiatement venu à l'esprit. De ce fait, il se forme en nous la maxime selon laquelle, même quand l'argument de l'adversaire semble juste et concluant, nous devons l'attaquer, certains que sa justesse n'est qu'apparente et qu'au cours de la controverse nous trouverons un argument qui viendra le renverser ou confirmer notre vérité d'une façon ou d'une autre. Ainsi, nous sommes quasi obligés d'être malhonnêtes lors de la controverse, ou tout du moins légèrement tentés de l'être. De cette façon, la faiblesse de notre intelligence et la perversité de notre volonté se soutiennent mutuellement. Il en résulte qu'en règle générale celui qui débat ne se bat pas pour la vérité mais pour sa thèse, comme *pro ara et focis* (pour son autel et son foyer), et procède *per fas et nefas*, puisque, comme nous l'avons montré, il ne peut faire autrement.

Chacun cherchera donc généralement à faire triompher sa proposition, même lorsqu'elle lui paraît pour le moment fausse ou douteuse [1]. Quant aux moyens

---

1. Machiavel prescrit au prince de profiter de chaque instant de faiblesse de son voisin pour l'attaquer, sinon ce dernier peut tirer parti d'un moment où le prince est en position de faiblesse. Si la fidélité et l'honnêteté régnaient, il en serait autrement ; mais comme on ne peut

pour y parvenir, ils lui seront fournis dans une certaine mesure par ses aptitudes personnelles à la ruse et à la médiocrité. C'est ce qu'enseigne l'expérience quotidienne de la controverse. Chacun a donc sa dialectique naturelle, tout comme il a sa logique naturelle. La seule chose, c'est que la première est loin de le guider aussi sûrement que la deuxième. Il n'est facile à personne de penser ou de conclure *a contrario* des lois de la logique ; les jugements faux sont fréquents, les conclusions fausses extrêmement rares. Si un homme ne manifeste donc pas facilement un manque de logique naturelle, il peut en revanche manifester un manque de dialectique naturelle ; c'est un don de la nature inégalement partagé (semblable en cela à la faculté de jugement qui est très inégalement partagée, alors que la raison l'est à vrai dire équitablement). Car il arrive souvent que, bien que l'on ait raison, on se laisse confondre ou réfuter par une argumentation

compter sur ces vertus, il ne faut pas les pratiquer puisqu'on en est mal récompensé. Il en va de même dans la controverse : si je donne raison à mon adversaire dès qu'il semble avoir raison, il est peu probable qu'il agisse de la même façon à mon égard. Il procédera plutôt *per nefas*, et il faut donc que j'en fasse autant. Il est facile de dire qu'on doit uniquement rechercher la vérité sans vouloir privilégier sa thèse, mais comme on ne peut supposer que l'adversaire en fera autant, il faut y renoncer. De plus, si j'étais prêt, dès que l'autre me semble avoir raison, à abandonner une thèse que j'ai pourtant examinée à fond auparavant, il pourrait facilement arriver que, entraîné par une impression passagère, je renonce à la vérité pour adopter l'erreur (N.d.A.).

spécieuse, ou inversement ; et celui qui sort vainqueur du débat doit bien souvent sa victoire non pas tant à la justesse de son jugement quand il soutient sa thèse, qu'à l'astuce et à l'adresse avec lesquelles il l'a défendue. Ici, comme dans tous les cas, c'est l'inné qui se révèle le meilleur conseiller ; cependant, en s'exerçant et en réfléchissant aux tours d'adresse susceptibles de renverser l'adversaire ou souvent employés par lui pour renverser l'autre, on peut avoir de grandes chances de passer maître en cet art. Donc, même si la logique ne peut avoir d'utilité véritablement pratique, la dialectique peut, elle, en avoir. Il me semble aussi qu'Aristote a conçu sa logique proprement dite (l'Analytique) essentiellement comme fondement et préparation de la dialectique, et que celle-ci était pour lui l'élément le plus important. La logique s'intéresse uniquement à la forme des thèses avancées, la dialectique à leur contenu ou à leur matière ; c'est justement pour cela que l'examen de la forme, c'est-à-dire du général, devait précéder celui du contenu, c'est-à-dire du particulier.

Aristote ne détermine pas l'objectif de la dialectique aussi précisément que je l'ai fait. Il indique certes comme but principal la controverse, mais également la recherche de la vérité ; plus tard, il répète que l'on traite philosophiquement les thèses en fonction de la vérité, et dialectiquement en fonction de l'apparence ou de l'approbation, de l'opinion (δόξα) des autres (*Topiques*, I, chap. 12). Il est certes conscient de la distinction très nette entre la vérité objective d'une thèse et la façon de l'imposer ou de la faire accepter ; cependant, il ne les distingue pas assez clairement pour n'assigner à la dialectique que cette dernière finalité[1].

---

1. Et par ailleurs, dans son livre *Les Réfutations sophistiques*, il se donne trop de mal pour distinguer la dialectique de la *sophistique* et de l'*éristique*. La différence serait que les conclusions dialectiques sont vraies sur le plan de la forme et du contenu, alors que les conclusions éristiques ou sophistiques sont fausses (ces dernières diffèrent uniquement par leur finalité : pour l'éristique, le but est d'avoir raison ; pour la sophistique, c'est le crédit que l'on peut en tirer et l'argent que l'on peut gagner de cette façon). Savoir si des thèses sont vraies quant à leur contenu est toujours beaucoup trop soumis à incertitude pour qu'on puisse en tirer un critère distinctif, et celui qui participe à la discussion est le moins bien placé pour avoir une certitude complète à ce sujet ; même le résultat de la controverse nous éclaire mal sur ce point. Nous devons donc rassembler sous le terme de dialectique aristotélicienne la sophistique, l'éristique et la péirastique, et la définir comme l'art d'avoir toujours raison dans la controverse. Pour cela, le meilleur moyen est bien sûr en premier lieu d'avoir vraiment raison, mais vu la mentalité des hommes, cela n'est pas suffisant en soi, et vu la faiblesse de leur entendement ce n'est pas absolument nécessaire. Il faut donc y adjoindre d'autres stratagèmes qui, du fait même qu'ils sont indépendants de la vérité objective, peuvent aussi être utilisés quand on a objectivement tort. Quant à savoir si c'est le cas, on n'a presque jamais de certitude à ce sujet.

Je pense donc que la dialectique doit être plus nettement distinguée de la logique que ne l'a fait Aristote : il faudrait laisser à la logique la vérité objective, dans la mesure où elle est formelle, et limiter la dialectique à l'art d'avoir toujours raison ; mais il ne faudrait pas, contrairement à Aristote, séparer autant la dialectique de la sophistique et de l'éristique puisque cette différence repose sur la vérité objective

De ce fait, les règles qu'il lui fixe sont souvent mêlées à celles fixées à l'autre finalité. Il me semble donc qu'il n'a pas rempli sa tâche correctement[2].

Pour fonder la dialectique en toute rigueur, il faut, sans se soucier de la vérité objective (qui est l'affaire de la logique), la considérer uniquement comme l'art d'avoir toujours raison, ce qui sera évidemment d'autant plus facile si l'on a raison quant au fond même du débat. Mais la dialectique en tant que telle a seulement pour devoir d'enseigner comment on peut se défendre contre les attaques de toute nature, en particulier contre les attaques malhonnêtes, et également comment on peut de son côté attaquer ce qu'affirme l'autre sans se contredire soi-même et surtout sans être réfuté. Il faut séparer nettement la découverte de la vérité objective de l'art de faire passer les thèses que l'on avance pour vraies ; l'une est

---

matérielle dont nous ne pouvons rien savoir de précis à l'avance et sommes bien forcés de dire avec Ponce Pilate : qu'est-ce que la vérité ? – car *veritas est in puteo* (ἐν βυθῷ ἡ ἀλήθεια), maxime de Démocrite (Diogène Laërce IX, 72). On a beau jeu de dire que dans la controverse on ne doit viser à rien d'autre qu'à faire surgir la vérité ; le problème, c'est qu'on ne sait pas encore où elle se trouve et qu'on se laisse égarer par les arguments de l'adversaire et par les siens propres. – Du reste, *re intellecta, in verbis simus faciles* (la chose ayant été comprise, soyons clairs sur les mots) : puisqu'on a coutume de considérer globalement que le mot « dialectique » est synonyme de « logique », nous allons appeler notre discipline *Dialectica eristica*, dialectique éristique (N.d.A.).
2. Il faut toujours séparer soigneusement l'objet d'une discipline de celui des autres (N.d.A.).

l'affaire d'une toute autre πραγματεία (activité), c'est l'œuvre de la capacité de jugement, de la réflexion, de l'expérience, et cela ne fait pas l'objet d'un art particulier. Quant à l'autre, il est le dessein même de la dialectique. On a défini cette dernière comme la logique de l'apparence, ce qui est faux car elle ne servirait alors qu'à défendre des thèses erronées. Cependant, même quand on a raison, on a besoin de la dialectique pour défendre son point de vue, et il faut connaître les stratagèmes malhonnêtes pour leur faire face ; il faut même souvent y avoir recours soi-même pour battre l'adversaire à armes égales. C'est donc pour cette raison que la dialectique doit mettre la vérité objective de côté ou la considérer comme accidentelle ; et il faut simplement veiller à défendre ses propositions et à renverser celles de l'autre. Dans les règles de ce combat, on ne doit pas tenir compte de la vérité objective parce qu'on ignore la plupart du temps où elle se trouve[1]. Souvent on ne sait pas soi-même si l'on a raison ou non ; on croit souvent avoir raison alors qu'on se trompe, et souvent les deux parties croient avoir raison cár *veritas est in puteo* (ἐν βυθῷ ἡ ἀλήθεια, « la vérité est au fond du puits », Démocrite). Au

---

1. *Veritas est in puteo*, ἐν βυθῷ ἡ ἀλήθεια, formule de Démocrite, Diogene Laërce, IX, 72. Il arrive souvent que deux personnes se querellent et que chacune rentre chez elle avec l'opinion de l'autre : elles ont échangé (N.d.A.).

début de la controverse, chacun croit généralement avoir la vérité de son côté, puis les deux parties se mettent à douter, et c'est seulement la fin du débat qui doit révéler la vérité, la confirmer. Donc, la dialectique n'a pas à s'engager là-dedans, de même que le maître d'armes ne se pose pas la question de savoir qui avait raison lors de la querelle ayant provoqué le duel : toucher et parer, c'est cela qui importe. Il en va de même pour la dialectique qui est une joute intellectuelle. Si on la conçoit de façon aussi claire, elle peut être considérée comme une discipline autonome car si nous nous fixons comme but la pure vérité objective, nous revenons à la simple logique ; si en revanche nous nous fixons comme but l'application de thèses fausses, nous sommes dans la pure sophistique. Et dans les deux cas on supposerait que nous savions déjà ce qui est objectivement vrai et faux ; or, il est rare que l'on puisse le savoir à l'avance avec certitude. Le vrai concept de la dialectique est donc celui qui a déjà été établi : joute intellectuelle pour avoir toujours raison dans la controverse. Le terme d'éristique serait cependant plus correct, et le plus exact de tous serait sans doute celui de dialectique éristique : *Dialectica eristica*. Elle est extrêmement utile, et c'est à tort qu'elle a été négligée dans les temps modernes.

La dialectique ne devant donc être qu'un résumé et une description de ces tours d'adresse inspirés par la nature et que la plupart des hommes, quand ils s'aperçoivent que la vérité n'est pas de leur côté dans la controverse, utilisent pour avoir quand même raison – il serait tout à fait inopportun, dans le domaine de la dialectique scientifique, de vouloir tenir compte de la vérité objective et de sa mise en lumière puisque ce n'est pas le cas dans cette dialectique originelle et naturelle dont le seul objectif est d'avoir raison. La dialectique scientifique, telle que nous la concevons, a par conséquent pour principale mission d'élaborer et d'analyser les stratagèmes de la malhonnêteté dans la controverse afin que, dans les débats réels, on puisse les reconnaître immédiatement et les réduire à néant. C'est la raison pour laquelle la dialectique ne doit accepter comme finalité dans sa définition que l'art d'avoir toujours raison et non la vérité objective.

Bien que j'aie fait des recherches poussées, je n'ai pas connaissance que l'on ait fait quoi que ce soit dans ce sens [1] ; il s'agit donc d'un terrain encore vierge. Pour parvenir à nos fins, il faudrait puiser dans l'expérience, observer comment, lors des débats que suscitent souvent les rapports des hommes entre eux, tel ou tel stratagème est utilisé par l'une ou l'autre

---

1. Selon Diogène Laërce, parmi les nombreux écrits rhétoriques de Théophraste, qui ont tous disparu, il s'en trouvait un intitulé Ἀγωνιστικὸν τῆς περὶ τοὺς ἐριστικοὺς λόγους θεωρίας [*Débat sur la théorie des controverses*]. C'est bien là notre propos (N.d.A.).

partie, puis ramener ces tours d'adresse, réapparais-
sant sous d'autres formes, à un principe général, et
établir ainsi certains stratagèmes généraux qui
seraient ensuite utiles, tant pour son propre usage que
pour les réduire à néant quand l'autre s'en sert.

Ce qui suit doit être considéré comme un premier
essai.

BASE DE TOUTE DIALECTIQUE

Tout d'abord, il faut considérer l'essentiel de toute controverse, ce qui se passe en fait.

L'adversaire a posé une thèse (ou nous-même, peu importe). Pour la réfuter, il y a deux modes et deux méthodes possibles.

1) Les modes : a) *ad rem*, b) *ad hominem* ou *ex concessis*, c'est-à-dire que nous démontrons soit que cette thèse n'est pas en accord avec la nature des choses, la vérité objective absolue, soit qu'elle contredit d'autres affirmations ou concessions de l'adversaire, c'est-à-dire la vérité subjective relative. Dans le dernier cas, il ne s'agit que d'une preuve relative qui n'a rien à voir avec la vérité objective.

2) Les méthodes : a) réfutation directe, b) indirecte. La réfutation directe attaque la thèse dans ses fondements, l'indirecte dans ses conséquences ; la directe démontre que la thèse n'est pas vraie, l'indirecte qu'elle ne peut pas être vraie.

1) En cas de réfutation directe, nous pouvons faire deux choses. Soit nous démontrons que les fondements de son affirmation sont faux (*nego majorem ; minorem*) ; soit nous admettons les fondements, mais nous démontrons que l'affirmation ne peut en résulter (*nego consequentiam*), nous attaquons donc la conséquence, la forme de la conclusion.

2) En cas de réfutation indirecte, nous utilisons soit la conversion (ἀπαγωγή), soit l'instance.

a) La conversion : nous admettons la vérité de sa proposition et nous démontrons alors ce qui en résulte quand, en relation avec une proposition quelconque reconnue comme vraie, nous l'utilisons comme prémisse d'une conclusion, et qu'apparaît alors une conclusion manifestement fausse puisqu'elle contredit soit la nature des choses – si elle contredit une vérité tout à fait incontestable, nous avons confondu l'adversaire *ad absurdum* –, soit les autres affirmations de l'adversaire lui-même, donc se révèle fausse *ad rem* ou *ad hominem* (Socrate dans *L'Hippias majeur* et autres textes). Par conséquent, la thèse aussi était fausse, car de prémisses vraies ne peuvent être déduites que des propositions justes, bien que celles déduites de fausses prémisses ne soient pas toujours fausses.

b) L'instance, ἔνστασις, *exemplum in contrarium* : réfutation de la proposition générale par la démonstration directe de cas isolés compris dans ses propos mais auxquels elle ne s'applique pas, si bien qu'elle-même ne peut qu'être fausse.

Cela est l'ossature générale, le squelette de toute controverse : nous avons donc son ostéologie. Car c'est là, au fond, à quoi se ramène toute controverse : mais tout cela peut se passer réellement ou seulement en apparence, avec des fondements authentiques ou non. Et comme en la matière il n'est pas facile d'avoir des certitudes, les débats sont longs et acharnés. Dans la démonstration, nous ne pouvons pas non plus distinguer le vrai de l'apparent puisque cette distinction n'est jamais fixée à l'avance chez les adversaires eux-mêmes. C'est pourquoi j'indique les stratagèmes sans tenir compte du fait que l'on ait *objectivement* raison ou non ; car on ne peut le savoir soi-même avec certitude et cela ne peut être décidé que grâce à la controverse. Du reste, dans toute controverse ou argumentation il faut que l'on s'entende sur quelque chose, un principe à partir duquel on va juger du problème posé : *Contra negantem principia non est disputandum* (on ne saurait discuter avec quelqu'un qui conteste les principes).

STRATAGÈME 1

L'extension. Étirer l'affirmation de l'adversaire au-delà de ses limites naturelles, l'interpréter de la façon la plus générale possible, la prendre au sens le plus large possible et l'exagérer. Par contre, réduire la sienne au sens le plus restreint qui soit, dans les limites les plus étroites possibles. Car plus une affirmation devient générale, plus elle est en butte aux attaques. La parade est de poser clairement le *punctus* (point débattu) ou le *status controversiæ* (manière dont se présente la controverse).

Exemple 1 : J'ai dit : « Les Anglais sont la première nation en art dramatique. » L'adversaire a voulu tenter une *instantia* en répliquant : « Il est connu qu'ils ne valent rien en musique et donc en matière d'opéra. » – Je l'ai contré en rappelant « que la musique ne fait pas partie de l'art dramatique, ce terme ne désignant que la tragédie et la comédie ». Il le savait très bien et tentait seulement de généraliser mon affirmation de telle sorte qu'elle englobât toutes les formes de manifestation théâtrale, donc l'opéra, donc la musique, et ce pour être sûr de son triomphe.

À l'inverse, pour assurer la victoire de sa propre affirmation, il faut la restreindre plus qu'on ne le prévoyait de prime abord quand l'expression utilisée va dans ce sens.

Exemple 2 : A dit : « La paix de 1814 a même rendu à toutes les villes hanséatiques leur indépendance. » B répond par l'*instantia in contrarium* en disant que cette paix a fait perdre à Danzig l'indépendance que lui avait accordée Bonaparte. A s'en sort de la façon suivante : « J'ai parlé de toutes les villes hanséatiques allemandes ; Danzig était une ville hanséatique polonaise. »

Ce stratagème est déjà enseigné par Aristote (*Topiques*, VIII, chap.12, 11.)

Exemple 3. Lamarck (*Philosophie zoologique*, vol.1, p. 203) dénie toute sensibilité aux polypes parce qu'ils n'ont pas de nerfs. Or il est certain qu'ils perçoivent car ils se tournent vers la lumière en se déplaçant artificiellement de branche en branche – et ils attrapent leur proie. On a donc supposé que chez eux la masse nerveuse est uniformément répartie dans la masse du corps tout entier, comme fondue en elle ; car ils ont manifestement des perceptions sans avoir des organes des sens distincts. Comme cela renverse l'hypothèse de Lamarck, il argumente dialectiquement comme suit : « Alors il faudrait que toutes les parties du corps des polypes soient aptes à toute forme de sensibilité, et aussi de mouvement, de volonté, de pensée. Alors le polype aurait en chaque point de son corps tous les organes de l'animal le plus parfait : partout il pourrait voir, sentir, goûter, entendre, etc., et même penser, juger, conclure ; chaque particule de son corps serait un animal parfait, et le polype lui-même serait supérieur à l'homme puisque chacune de ses particules aurait toutes les facultés que l'homme n'a que dans sa globalité. En outre, il n'y aurait pas de raison de ne pas étendre à la monade, le plus imparfait de tous les êtres, ce que l'on affirme du polype, et finalement aux plantes qui sont elles aussi bien vivantes, etc. » C'est en utilisant de tels stratagèmes dialectiques qu'un auteur révèle que, en son for intérieur, il est conscient d'avoir tort. Il transforme l'affirmation « leur corps entier est sensible à la lumière, donc de nature nerveuse » en lui faisant dire que le corps entier pense.

STRATAGÈME 2

Utiliser l'homonymie pour étendre également l'affirmation à ce qui, à part le même mot, n'a pas grand-chose ou rien du tout en commun avec l'objet du débat, puis réfuter de façon lumineuse et se donner ainsi l'air d'avoir réfuté l'affirmation elle-même.

Remarque : on appelle synonymes deux mots désignant le même concept, homonymes deux concepts désignés par le même mot (voir Aristote, *Topiques*, I, chap. 13). « Grave », « coupant », « aigu » employés tantôt pour des corps tantôt pour des sons sont des homonymes. « Honnête » et « loyal » sont des synonymes.

On peut considérer ce stratagème comme identique au sophisme *ex homonymia* ; toutefois le sophisme évident de l'homonymie ne saurait sérieusement faire illusion :

Omne lumen potest extingui
Intellectus est lumen
Intellectus potest extingui.

(Toute lumière peut être éteinte ; l'intelligence est une lumière, donc l'intelligence peut être éteinte.)

Ici, on remarque tout de suite qu'il y a quatre *termini* : *lumen* pris au sens propre et *lumen* pris au sens figuré. Mais dans les cas subtils l'illusion peut se produire, notamment quand les concepts désignés par la même expression sont apparentés et se confondent.

Exemple 1. Ces cas inventés sciemment ne sont pas assez subtils pour faire illusion ; il faut donc en collecter dans sa propre expérience. Il serait bon de pouvoir donner à chaque stratagème un nom bref et adéquat grâce auquel on pourrait instantanément rejeter, le cas échéant, l'emploi de tel ou tel stratagème.

A. : « Vous n'êtes pas encore initié aux mystères de la philosophie kantienne. »

B. : « Ah, quand il est question de mystères, cela ne m'intéresse pas. »

Exemple 2. Je qualifiais de déraisonnable le principe de l'honneur selon lequel on est déshonoré à cause d'une offense subie à moins qu'on y réponde par une offense encore plus grande ou qu'on la lave dans le sang, celui de l'adversaire ou le sien propre ; j'invoquais comme raison que le véritable honneur ne pouvait être entamé par ce que l'on subit mais uniquement par ce que l'on fait ; car tout peut arriver à tout le monde. Mon adversaire s'attaqua directement au fondement de mes dires : il me démontra de façon lumineuse que si on accuse à tort un marchand d'escroquerie ou de malhonnêteté, ou de négligence dans l'exercice de sa profession, c'est là une atteinte à son honneur, qui n'est blessé qu'à cause de ce qu'il subit, et qu'il ne peut laver qu'en imposant à cet agresseur de recevoir un châtiment et de se rétracter.

Du fait de l'homonymie, il substituait donc à l'honneur civil, que l'on appelle habituellement la bonne réputation et que l'on entache par la calomnie, le concept d'honneur chevaleresque, que l'on appelle aussi *point d'honneur* et auquel on porte atteinte par des offenses. Et comme il ne faut pas négliger une atteinte au premier type d'honneur mais la contrer en la réfutant publiquement, on serait tout autant justifié de ne pas laisser passer une atteinte au deuxième type d'honneur et de la contrer par une offense plus grande et un duel. Il y a donc eu confusion de deux choses essentiellement différentes du fait de l'homonymie du mot « honneur » ; et une *mutatio controversiæ* (modification de l'objet du débat) provoquée par l'homonymie.

STRATAGÈME 3

Prendre l'affirmation posée relativement, κατά τι, comme si elle l'était de façon générale, *simpliciter*, ἁπλῶς, absolue, ou du moins la concevoir dans un rapport tout à fait différent et la réfuter dans ce sens. L'exemple donné par Aristote est le suivant : Le Maure est noir, mais blanc pour ce qui est des dents ; il est donc à la fois noir et pas noir. C'est un exemple fictif qui ne trompera véritablement personne ; prenons-en un provenant au contraire de l'expérience concrète.

Exemple 1. Dans une discussion sur la philosophie, je reconnus que mon système prenait la défense des quiétistes et faisait leur éloge. Peu après, on en vint à parler de Hegel, et j'affirmai qu'il avait surtout écrit des inepties, ou que du moins, dans de nombreux passages de ses écrits, l'auteur fournit les mots, laissant au lecteur le soin d'y mettre du sens. Mon adversaire n'essaya pas de réfuter ces propos *ad rem*, mais se contenta de l'*argumentum ad hominem* en disant que « je venais de faire l'éloge des quiétistes alors que ceux-ci avaient également écrit beaucoup d'inepties ».

Je le reconnus mais rectifiai son affirmation en disant que je ne faisais pas l'éloge des quiétistes en tant que philosophes et écrivains, donc pas pour leurs qualités théoriques, mais seulement en tant qu'hommes, pour leurs actes, du point de vue uniquement pratique, alors que pour Hegel il était question de qualités théoriques. C'est ainsi que je parai cette attaque.

Les trois premiers stratagèmes sont proches : ils ont en commun le fait que l'adversaire parle en réalité d'autre chose que de l'affirmation posée ; on commettrait donc une *ignoratio elenchi* (ignorance du moyen de réfutation) si on laissait l'autre vous envoyer promener de cette façon. Car dans tous les exemples donnés, ce que dit l'adversaire est vrai ; ce n'est pas vraiment en contradiction avec ma thèse, mais seulement en apparence ; donc celui qu'il attaque nie ce qu'implique sa conclusion, à savoir que la vérité de sa thèse prouverait la fausseté de la nôtre. C'est donc une réfutation directe de sa réfutation *per negationem consequentiæ* (par le refus de la conclusion).

Ne pas reconnaître des prémisses exactes parce que l'on prévoit la conséquence. Là contre, il existe les deux méthodes suivantes, les règles 4 et 5.

STRATAGÈME 4

Quand on veut arriver à une conclusion, il ne faut pas la laisser prévoir mais obtenir discrètement qu'on en admette les prémisses en disséminant celles-ci au cours de la conversation, sinon l'adversaire tentera toutes sortes de manœuvres ; ou, si on doute que l'adversaire les admette, il faut poser les prémisses de ces prémisses, établir des pro-syllogismes, faire approuver les prémisses de plusieurs de ces pro-syllogismes, et ce dans le désordre, de façon à cacher son jeu jusqu'à ce que tout ce dont on a besoin ait été concédé. Aristote indique ces règles dans les *Topiques* (VIII, chap. 1er). Il n'est pas besoin de donner des exemples.

STRATAGÈME 5

Pour prouver sa thèse, on peut aussi utiliser de fausses prémisses, et cela quand l'adversaire ne concéderait pas les vraies, soit parce qu'il n'en reconnaît pas la vérité, soit parce qu'il se rend compte que la thèse en résulterait automatiquement. Il faut prendre alors des propositions qui sont fausses en soi mais vraies *ad hominem*, et argumenter à partir du mode de pensée de l'adversaire *ex concessis*. Car le vrai peut aussi résulter de fausses prémisses, alors que le faux ne peut jamais découler de vraies prémisses. C'est ainsi que l'on peut réfuter des propositions fausses de l'adversaire au moyen d'autres propositions fausses qu'il considère toutefois comme vraies ; car c'est à lui que l'on a affaire et il faut utiliser son mode de pensée. Par exemple, s'il est adepte d'une secte quelconque que nous n'approuvons pas, nous pouvons utiliser contre lui les préceptes de cette secte en tant que *principia* (Aristote, *Topiques*, VIII, chap. 9)

STRATAGÈME 6

On fait une *petitio principii* camouflée en postulant ce que l'on aurait à prouver, soit 1) sous un autre nom, par exemple « bonne réputation » à la place de

« honneur », « vertu » à la place de « virginité », etc., ou en changeant de concept : « animaux à sang chaud » au lieu de « vertébrés », soit 2) en faisant admettre comme vérité générale ce qui est contesté à un niveau particulier, par exemple affirmer l'incertitude de la médecine en postulant l'incertitude de tout savoir humain ; 3) quand vice versa deux propositions découlent l'une de l'autre et qu'on doit démontrer l'une d'elles, il faut postuler l'autre ; 4) quand il faut prouver une vérité générale et qu'on arrive à obtenir toutes les vérités particulières. (L'inverse du numéro 2.) (Aristote, *Topiques*, VIII, chap. 11)

En ce qui concerne l'entraînement à la dialectique, le dernier chapitre des *Topiques* d'Aristote contient de bonnes règles.

STRATAGÈME 7

Si la controverse est menée de façon un peu stricte et formelle et que l'on désire se faire comprendre clairement, celui qui a posé la proposition et qui doit la démontrer contre son adversaire doit procéder à un questionnement afin de déduire de ses propres concessions la vérité de son affirmation. Cette méthode « érotématique » était particulièrement utilisée par les Anciens (on l'appelle aussi méthode socratique) ; c'est à elle que se réfère le stratagème présent et quelques autres qui vont suivre (tous élaborés librement d'après *Les Réfutations sophistiques* d'Aristote, chap. 15).

Poser beaucoup de questions à la fois et élargir le contexte pour cacher ce que l'on veut véritablement faire admettre. En revanche, exposer rapidement son argumentation à partir des concessions obtenues, car ceux qui sont lents à comprendre ne peuvent suivre exactement la démonstration et n'en peuvent voir les défauts ou les lacunes éventuelles.

STRATAGÈME 8

Mettre l'adversaire en colère, car dans sa fureur il est hors d'état de porter un jugement correct et de percevoir son intérêt. On le met en colère en étant ouvertement injuste envers lui, en le provoquant et, d'une façon générale, en faisant preuve d'impudence.

STRATAGÈME 9

Ne pas poser les questions dans l'ordre exigé par la conclusion qu'il faut en tirer, mais dans toutes sortes de permutations ; il ne peut savoir ainsi où l'on veut en venir et ne peut se prémunir. On peut aussi utiliser ses réponses pour en tirer diverses conclusions, même opposées, en fonction de leur nature. Ce stratagème est apparenté au quatrième dans la mesure où il faut dissimuler sa manière de procéder.

STRATAGÈME 10

Quand on se rend compte que l'adversaire fait exprès de rejeter les questions qui auraient besoin d'une réponse positive pour soutenir notre thèse, il faut l'interroger sur la thèse contraire, comme si c'était cela qu'on voulait le voir approuver ; ou tout du moins lui donner le choix entre les deux de telle sorte qu'il ne sache plus quelle est la thèse à laquelle on souhaite qu'il adhère.

STRATAGÈME 11

Si nous procédons par induction et qu'il concède les cas particuliers permettant d'étayer notre thèse, il ne faut pas lui demander s'il admet aussi la vérité générale résultant de ces cas isolés mais l'introduire ensuite comme une vérité admise et reconnue ; car parfois il croira l'avoir admise lui-même, et les témoins du débat auront la même impression car ils se souviendront des nombreuses questions concernant les cas particuliers ; celles-ci auront donc permis d'atteindre le but recherché.

STRATAGÈME 12

S'il est question d'un concept général n'ayant pas de désignation propre et devant être dénommé allégoriquement par un trope, il ne faut pas hésiter à choisir cette allégorie de façon qu'elle soit favorable à notre thèse. Par exemple, en Espagne les noms qui désignent les deux partis politiques, *serviles* et *liberales* ont certainement été choisis par ces derniers.

Le mot « protestant » a été choisi par eux, de même le mot « évangélique », mais le mot « hérétique » l'a été par les catholiques.

C'est également valable pour le nom des choses quand elles sont prises davantage au sens propre. Par exemple, si l'adversaire a proposé un changement quelconque, on le qualifiera d'« innovation » car ce mot est méprisant. On fera le contraire si c'est soimême qui le propose. Dans le premier cas, le concept opposé sera désigné d'« ordre établi », dans le second de « pagaille ». Ce qu'une personne dépourvue de toute préméditation et de parti pris appellerait par exemple « culte » ou « religion officielle », celui qui y est favorable utilisera les mots « piété », « ferveur » et leur adversaire « bigoterie », « superstition ». Au fond, c'est là une subtile *petitio principii* : ce que l'on veut démontrer, on le met à l'avance dans le mot, dans la désignation, d'où il émerge ensuite grâce à un jugement purement analytique. Quand l'un dit « se mettre à l'abri », « mettre en lieu sûr », son adversaire dira « enfermer ». Un orateur trahit souvent à l'avance ses intentions par les noms qu'il donne aux choses. L'un dit « clergé » et l'autre « les curetons ». De tous les stratagèmes, c'est celui-ci qui est le plus souvent employé, instinctivement. Prosélytisme = fanatisme. Faux pas ou escapade = adultère. Équivoques = obscénités. Mal en point = ruiné. Influence et relations = corruption et népotisme. Sincère reconnaissance = bonne rémunération.

STRATAGÈME 13

Pour faire en sorte qu'il accepte une thèse, nous devons lui en présenter le contraire et lui laisser le choix : mais nous devons énoncer ce contraire de façon si violente que l'adversaire, s'il ne veut pas cultiver l'art du paradoxe, est obligé d'approuver notre thèse qui, en comparaison, paraît tout à fait probable. Par exemple, il doit reconnaître que chacun doit faire tout ce que son père lui dit. Nous lui demandons alors : « Faut-il en toutes choses désobéir ou obéir à ses parents ? » ou si à propos d'une chose il est dit « souvent », nous lui demandons si par ce mot on entend quelques cas ou beaucoup de cas, et il dira « beaucoup ». C'est comme quand on met du gris à côté du noir : on dirait du blanc ; et si on le met à côté du blanc, on dirait du noir.

STRATAGÈME 14

Un tour pendable consiste, quand il a répondu à.plusieurs questions sans que ses réponses soient allées dans le sens de la conclusion vers laquelle nous tendons, à déclarer qu'ainsi la déduction à laquelle on voulait aboutir est prouvée, bien qu'elle n'en résulte aucunement, et à le proclamer triomphalement. Si l'adversaire est timide ou stupide et qu'on a soi-même beaucoup d'audace et une bonne voix, cela peut très bien marcher. Cela relève du *fallacia non causæ ut causæ* (faire passer pour une raison ce qui n'en est pas une).

STRATAGÈME 15

Si nous avons posé une thèse paradoxale que nous avons du mal à démontrer, il faut présenter à l'adversaire n'importe quelle proposition exacte, mais d'une exactitude pas tout à fait évidente, afin qu'il l'accepte ou la rejette, comme si c'était de là que nous voulions tirer notre démonstration. S'il la rejette par méfiance, nous le confondons *ad absurdum* et triomphons ; mais s'il l'accepte, c'est que nous avons tenu des propos raisonnables, et nous pouvons voir venir la suite. Ou bien nous ajoutons le stratagème précédent et affirmons alors que notre paradoxe est démontré. Il faut pour cela être d'une extrême impudence, mais il y a des gens qui pratiquent tout cela de façon instinctive.

STRATAGÈME 16

Argumenta ad hominem ou *ex concessis*. Quand l'adversaire fait une affirmation, nous devons chercher à savoir si elle n'est pas d'une certaine façon, et ne serait-ce qu'en apparence, en contradiction avec quelque chose qu'il a dit ou admis auparavant, ou avec les principes d'une école ou d'une secte dont il a fait l'éloge, ou avec les actes des adeptes de cette secte, qu'ils soient sincères ou non, ou avec ses propres faits et gestes. Si par exemple il prend parti en faveur du suicide, il faut s'écrier aussitôt : « Pourquoi ne te pends-tu pas ? » Ou bien s'il affirme par exemple que Berlin est une ville désagréable, on s'écrie aussitôt : « Pourquoi ne pars-tu pas par la première diligence ? »

On arrivera bien d'une façon ou d'une autre à trouver une manœuvre.

STRATAGÈME 17

Si l'adversaire a une parade qui nous met dans l'embarras, nous pourrons souvent nous tirer d'affaire grâce à une distinction subtile à laquelle nous n'avions pas pensé auparavant – si tant est que l'objet du débat admette une double interprétation ou deux cas distincts.

STRATAGÈME 18

Si nous nous rendons compte que l'adversaire s'est emparé d'une argumentation qui va lui permettre de nous battre, nous devons l'empêcher de parvenir au bout de sa démonstration en interrompant à temps le cours de la discussion, en nous esquivant ou en détournant le débat vers d'autres propositions, bref, il faut provoquer une *mutatio controversiæ*.

STRATAGÈME 19

Si l'adversaire exige expressément que nous argumentions contre un certain aspect de son affirmation, et que nous n'ayons rien de valable à dire, il faut se lancer dans un débat général et la contrer. Si nous devons dire pourquoi une certaine hypothèse physique n'est pas fiable, nous parlerons du caractère fallacieux du savoir humain et l'illustrerons par toutes sortes d'exemples.

STRATAGÈME 20

Si nous lui avons demandé les prémisses et qu'il les a admises, il faut, non pas que nous lui demandions en plus la conclusion, mais que nous la tirions nous-même ; et même s'il manque l'une ou l'autre des prémisses, nous la considérerons comme admise et tirerons la conclusion. Ce qui est une application de la *fallacia non causæ ut causæ*.

STRATAGÈME 21

En cas d'argument spécieux ou sophistique de l'adversaire dont nous ne sommes pas dupes, nous pouvons certes le démolir en expliquant ce qu'il a d'insidieux et de fallacieux. Mais il est préférable de lui opposer un contre-argument aussi spécieux et sophistique afin de lui régler son compte. Car ce qui importe, ce n'est pas la vérité mais la victoire. Si par exemple il avance un *argumentum ad hominem*, il suffit de le désarmer par un contre-argument *ad hominem* (*ex concessis*); et, d'une manière générale, au lieu d'avoir à discuter longuement de la vraie nature des choses, il est plus rapide de donner un *argumentum ad hominem* quand l'occasion se présente.

STRATAGÈME 22

S'il exige que nous concédions une chose d'où découlerait directement le problème débattu, il faut refuser en prétendant qu'il s'agit là d'une *petitio principii*; car lui et les témoins du débat auront tendance à considérer une proposition proche du problème comme identique à ce problème; nous le privons ainsi de son meilleur argument.

STRATAGÈME 23

La contradiction et la querelle incitent à exagérer son affirmation. En le contredisant, nous pouvons donc pousser l'adversaire à tirer une affirmation, éventuellement exacte dans les limites requises, au-delà de la vérité ; et une fois que nous avons réfuté cette exagération, il semble également que nous ayons réfuté sa thèse originelle. À l'inverse, nous devons nous garder de nous laisser entraîner par la contradiction à exagérer ou à élargir le champ de notre thèse. Souvent aussi, l'adversaire lui-même essaiera directement de faire reculer les limites que nous avions fixées : il faut immédiatement y mettre un terme et le ramener aux limites de notre affirmation en disant : « Voilà ce que j'ai dit, et rien de plus. »

STRATAGÈME 24

L'art de tirer des conséquences. On force la thèse de l'adversaire en en tirant de fausses conclusions et en déformant les concepts, pour en faire sortir des propositions qui ne s'y trouvent pas et qui ne reflètent pas du tout l'opinion de l'adversaire car elles sont au contraire absurdes ou dangereuses ; comme il semble que de sa thèse découlent des propositions qui soit se contredisent elles-mêmes, soit contredisent des vérités reconnues, ce stratagème passe pour une réfutation indirecte, une apagogue, et c'est encore une application de la *fallacia non causæ ut causæ.*

STRATAGÈME 25

Il concerne l'apagogue au moyen d'une instance, *exemplum in contrarium.* L'ἐπαγωγή, *inductio*, l'induction requiert un grand nombre de cas pour poser sa thèse générale ; l'ἀπαγωγή n'a besoin que de poser un seul cas en contradiction avec la proposition pour que celle-ci soit renversée. Un tel cas s'appelle une instance, ἔνστασις, *exemplum in contrarium, instantia.* Par exemple, la thèse « tous les ruminants ont des cornes » est réfutée par l'instance unique des chameaux.

L'instance est un cas d'application de la vérité générale, quelque chose à subsumer sous ce concept général mais qui ne concerne pas cette vérité et qui la renverse complètement. Cependant les choses peuvent être trompeuses : il faut donc veiller aux points suivants quand l'adversaire recourt à des instances : 1) l'exemple est-il vraiment exact : il y a des problèmes dont la seule solution véritable est que le cas posé est inexact, par exemple, de nombreux miracles, les histoires de fan-

tômes, etc. ; 2) relève-t-il vraiment du concept de la
vérité posée : ce n'est souvent le cas qu'en apparence, et
la question ne peut être résolue qu'en faisant une nette
distinction ; 3) est-il vraiment en contradiction avec la
vérité posée : cela aussi n'est souvent qu'une apparence.

STRATAGÈME 26

Une technique brillante est la *retorsio argumenti* :
quand l'argument qu'il veut utiliser à ses fins peut être
encore meilleur si on le retourne contre lui. Par
exemple, il dit : « C'est un enfant, il faut être indul-
gent avec lui », *retorsio* : « C'est justement parce que
c'est un enfant qu'il faut le châtier pour qu'il ne
s'encroûte pas dans ses mauvaises habitudes. »

STRATAGÈME 27

Si un argument met inopinément l'adversaire en
colère, il faut s'efforcer de pousser cet argument
encore plus loin : non seulement parce qu'il est bon de
le mettre en colère, mais parce qu'on peut supposer
que l'on a touché le point faible de son raisonnement
et qu'on peut sans doute l'attaquer encore davantage
sur ce point qu'on ne l'avait vu d'abord.

STRATAGÈME 28

Ce stratagème est surtout utilisable quand des savants se disputent devant des auditeurs ignorants. Quand on n'a pas d'*argumentum ad rem* et même pas d'argument *ad hominem*, il faut en avancer un *ad auditores*, c'est-à-dire une objection non valable mais dont seul le spécialiste reconnaît le manque de validité ; celui qui est le spécialiste, c'est l'adversaire, pas les auditeurs. À leurs yeux, c'est donc lui qui est battu, surtout si l'objection fait apparaître son affirmation sous un jour ridicule. Les gens sont toujours prêts à rire, et on a alors les rieurs de son côté. Pour démontrer la nullité de l'objection, il faudrait que l'adversaire fasse une longue démonstration et remonte aux principes scientifiques ou à d'autres faits, et il lui sera difficile de se faire entendre.

Exemple. L'adversaire dit : au cours de la formation des montagnes primitives, la masse à partir de laquelle le granite et tout le reste de ces montagnes s'est cristallisé était liquide à cause de la chaleur, donc fondu : la chaleur devait être d'environ $200°$ Réaumur et la masse s'est cristallisée au-dessous de la surface de la mer qui la recouvrait. Nous avançons l'*argumentum ad auditores* en disant qu'à cette température, et même bien avant, vers $80°$, la mer se serait mise depuis longtemps à bouillir et se serait évaporée dans l'atmosphère. Les auditeurs éclatent de rire. Pour nous battre, il lui faudrait démontrer que le point d'ébullition ne dépend pas seulement du degré de température mais tout autant de la pression de l'atmosphère et que celle-ci, dès que par exemple la moitié de la mer serait transformée en vapeur d'eau, aurait tellement augmenté qu'il n'y aurait pas d'ébullition, même à 200° Réaumur. Mais il ne le fera pas car avec des non-physiciens il y faudrait une véritable conférence.

STRATAGÈME 29

Si on se rend compte que l'on va être battu, il faut faire une diversion, c'est-à-dire qu'on se met tout d'un coup à parler de tout autre chose comme si cela faisait partie du sujet débattu et était un argument contre l'adversaire. Cela se fait avec discrétion si la diversion a quelque rapport avec le *thema quæstionis* ; avec impudence si elle ne concerne que l'adversaire et n'a rien à voir avec l'objet du débat.

Par exemple : je trouvais remarquable qu'en Chine il n'y ait pas de noblesse de sang et que les charges n'y soient accordées qu'après que l'on eut passé des examens. Mon adversaire affirmait que l'érudition ne rendait pas plus apte à assumer une charge que les privilèges de la naissance (dont il faisait grand cas). Les choses prenaient un tour fâcheux pour lui. Aussitôt il fit une diversion en disant qu'en Chine toutes les classes sociales peuvent subir la bastonnade, ce qu'il mit en rapport avec la forte consommation de thé, et il se mit à reprocher ces deux choses aux Chinois. Si l'on s'était mis à répondre à tout cela, on se serait laissé détourner et arracher des mains une victoire déjà acquise.

La diversion est impudente quand elle abandonne complètement l'objet du débat et commence par exemple ainsi : « Oui, et justement vous prétendiez récemment que... », etc. Car alors elle s'inscrit d'une certaine façon dans ces « attaques personnelles » dont il sera question dans le dernier stratagème. À strictement parler, elle constitue un stade intermédiaire entre l'*argumentum ad personam*, exposé dans ce chapitre, et l'*argumentum ad hominem*.

Toute dispute entre des gens du commun montre à quel point ce stratagème est quasi instinctif. En effet, quand l'un fait des reproches personnels à l'autre, celui-ci ne répond pas en les réfutant mais en faisant à son tour des griefs personnels à son adversaire, laissant de côté ceux qu'on lui a faits et semblant donc reconnaître leur bien-fondé. Il se comporte comme Scipion qui attaqua les Carthaginois non pas en Italie mais en Afrique. À la guerre, une telle diversion peut fonctionner. Dans les querelles, elle ne vaut rien parce qu'on laisse tomber les reproches reçus et que les témoins apprennent tout le mal possible des deux parties en présence. On peut l'utiliser dans la controverse, *faute de mieux* [1].

STRATAGÈME 30

L'*argumentum ad verecundiam* (argument portant sur l'honneur). Au lieu de faire appel à des raisons, il faut se servir d'autorités reconnues en la matière selon le degré des connaissances de l'adversaire. *Unusquisque mavult credere quam judicare* (chacun préfère croire plutôt que juger), a dit Sénèque : on a donc beau jeu si l'on a de son côté une autorité respectée par l'adversaire. Cependant, il y aura pour lui d'autant plus d'autorités valables que ses connaissances et ses aptitudes sont limitées. Si celles-ci sont de tout premier ordre, il ne reconnaîtra que peu d'autorités ou même aucune. À la rigueur il fera confiance aux gens spécialisés dans une science, un art ou un métier qu'il connaît peu ou pas du tout, et encore ne le fera-t-il qu'avec méfiance. En revanche, les gens du commun ont un profond respect pour les

---

1. En français dans le texte (N.d.T.).

spécialistes en tout genre. Ils ignorent que la raison pour laquelle on fait profession d'une chose n'est pas l'amour de cette chose mais de ce qu'elle rapporte. Et que celui qui enseigne une chose la connaît rarement à fond car s'il l'étudiait à fond il ne lui resterait généralement pas de temps pour l'enseigner. Mais pour le *vulgus* il y a beaucoup d'autorités dignes de respect. Donc si on n'en trouve pas d'adéquate, il faut en prendre une qui le soit en apparence et citer ce que quelqu'un a dit dans un autre sens ou dans des circonstances différentes. Ce sont les autorités auxquelles l'adversaire ne comprend pas un traître mot qui font généralement le plus d'effet. Les ignorants ont un respect particulier pour les figures de rhétorique grecques et latines. On peut aussi, en cas de nécessité, non seulement déformer mais carrément falsifier ce que disent les autorités, ou même inventer purement et simplement ; en général, l'adversaire n'a pas le livre sous la main et ne sait pas non plus s'en servir. Le plus bel exemple en est ce curé français qui, pour n'être pas obligé de paver la rue devant sa maison, comme les autres citoyens, citait une formule biblique : *paveant illi, ego non pavebo* (Qu'ils tremblent, moi, je ne tremblerai pas). Ce qui convainquit le conseil municipal. Il faut aussi utiliser en matière d'autorités les préjugés les plus répandus. Car la plupart des gens pensent avec Aristote ἅ μὲν πολλοῖς δοκεῖ ταῦτα γε εἶναι φάμεν[1]. (*Éthique à Nicomaque*) : il n'y a en effet aucune opinion, aussi absurde soit-elle, que les hommes n'aient pas rapidement adoptée dès qu'on a réussi à les persuader qu'elle était généralement acceptée. L'exemple agit sur leur pensée comme sur leurs actes. Ce sont des moutons qui suivent le bélier de tête, où qu'il les conduise : il leur est plus facile de mourir que de penser. Il est très étrange que l'universalité d'une opinion ait autant de poids pour eux puisqu'ils peuvent voir sur eux-mêmes qu'on adopte des opinions sans jugement et seulement en vertu de l'exemple. Mais ils ne le voient pas parce qu'ils sont dépourvus de toute connaissance d'eux-mêmes. Seule l'élite dit avec Platon τοῖς πολλοῖς πολλὰ δοκεῖ (à une multitude de gens, une multitude d'idées paraissent justes), c'est-à-dire le *vulgus* n'a que bêtises en tête, et si on voulait s'y arrêter, on aurait beaucoup à faire.

Si on parle sérieusement, le caractère universel d'une opinion n'est ni une preuve ni même un critère de probabilité de son exactitude. Ceux qui le prétendent doivent admettre : 1) que l'éloignement dans le temps prive ce caractère universel de sa puissance démonstrative, sinon il faudrait qu'ils ressuscitent toutes les

---

1. Ce qui paraît juste à une multitude, nous disons que c'est vrai (N.d.T.).

anciennes erreurs ayant fait autrefois communément figure de vérités, par exemple le système de Ptolémée, ou qu'ils rétablissent le catholicisme dans tous les pays protestants ; 2) que l'éloignement dans l'espace agit de même, sinon on met dans l'embarras l'universalité de l'opinion chez les adeptes du bouddhisme, du christianisme et de l'islam (d'après Bentham, *Tactique des assemblées législatives*, vol. 2, p. 76).

Ce que l'on appelle l'opinion commune est, à y bien regarder, l'opinion de deux ou trois personnes ; et nous pourrions nous en convaincre si seulement nous observions comment naît une telle opinion. Nous verrions alors que ce sont d'abord deux ou trois personnes qui l'ont admise ou avancée et affirmée, et qu'on a eu la bienveillance de croire qu'elles l'avaient examinée à fond ; préjugeant de la compétence suffisante de celles-ci, quelques autres se sont mises également à adopter cette opinion ; à leur tour, un grand nombre de personnes se sont fiées à ces dernières, leur paresse les incitant à croire d'emblée les choses plutôt que de se donner le mal de les examiner. Ainsi s'est accru de jour en jour le nombre de ces adeptes paresseux et crédules ; car une fois que l'opinion eut pour elle un bon nombre de voix, les suivants ont pensé qu'elle n'avait pu les obtenir que grâce à la justesse de ses fondements. Les autres furent alors contraints de reconnaître ce qui était communément admis pour ne pas être considérés comme des esprits inquiets s'insurgeant contre des opinions universellement admises, et comme des impertinents se croyant plus malins que tout le monde. Adhérer devint alors un devoir. Désormais, le petit nombre de ceux qui sont capables de juger est obligé de se taire ; et ceux qui ont le droit de parler sont ceux qui sont absolument incapables de se forger une opinion et un jugement à eux, et qui ne sont donc que l'écho des opinions d'autrui. Ils en sont cependant des défenseurs d'autant plus ardents et plus intolérants. Car ce qu'ils détestent chez celui qui pense autrement, ce n'est pas tant l'opinion différente qu'il prône que l'outrecuidance qu'il y a à vouloir juger par soi-même – ce qu'ils ne font bien sûr jamais eux-mêmes, et dont ils ont conscience dans leur for intérieur. Bref, très peu de gens savent réfléchir, mais tous veulent avoir des opinions ; que leur reste-t-il d'autre que de les adopter telles que les autres les leur proposent au lieu de se les forger eux-mêmes ? Puisqu'il en est ainsi, que vaut l'opinion de cent millions d'hommes ? Autant que, par exemple, un fait historique attesté par cent historiens quand on prouve ensuite qu'ils ont tous copié les uns sur les autres et qu'il apparaît ainsi que tout repose sur les dires d'une seule personne (D'après Bayle, *Pensées sur la comète*, vol. 1, p. 10)

« *Dico ego, tu dicis, sed denique dixit et ille :*
Dictaque post toties, nil nisi dicta vides. »

(Je le dis, tu le dis, mais lui aussi l'a dit : après que cela a été dit tant de fois, on ne voit rien que des dires.)

Néanmoins, on peut, quand on se querelle avec des gens du commun, utiliser l'opinion universelle comme autorité.

D'une manière générale, on constatera que quand deux esprits ordinaires se querellent, ce sont des personnalités faisant autorité qu'ils choisissent l'un et l'autre comme armes, et dont ils se servent pour se taper dessus. Si une tête mieux faite a affaire à quelqu'un de ce genre, le mieux est qu'il accepte de recourir lui aussi à cette arme, en la choisissant en fonction des faiblesses de son adversaire. Car, comparée à l'arme des raisons, celle-ci est, *ex hypothesi* (par hypothèse), un Siegfried blindé, plongé dans les flots de l'incapacité à penser et à juger.

Au tribunal, on ne se bat en fait que par autorités interposées, à savoir l'autorité bien établie des lois : la tâche du pouvoir judiciaire est de découvrir la loi, c'est-à-dire l'autorité applicable dans le cas en question. Mais la dialectique a suffisamment de champ d'action car, si c'est nécessaire, le cas traité et une loi, qui ne vont en réalité pas ensemble, peuvent être déformés jusqu'à ce qu'on les juge concordants ; ou l'inverse.

STRATAGÈME 31

Si on ne sait pas quoi opposer aux raisons exposées par l'adversaire, il faut, avec une subtile ironie, se déclarer incompétent : « Ce que vous dites-là dépasse mes faibles facultés de compréhension ; c'est peut-être tout à fait exact, mais je n'arrive pas à comprendre et je renonce à tout jugement. » De cette façon, on insinue, face aux auditeurs qui vous apprécient, que ce sont des inepties. C'est ainsi qu'à la parution de la *Critique de la raison pure*, ou plutôt dès qu'elle commença à faire sensation, de nombreux professeurs de la vieille école éclectique déclarèrent « nous n'y comprenons rien », croyant par là lui avoir réglé son compte. Mais quand certains adeptes de la nouvelle école leur prouvèrent qu'ils avaient raison et qu'ils n'y comprenaient vraiment rien, cela les mit de très mauvaise humeur.

Il ne faut utiliser ce stratagème que quand on est sûr de jouir auprès des auditeurs d'une considération nettement supérieure à celle dont jouit l'adversaire. Par exemple, quand un professeur s'oppose à un étudiant. À vrai dire, cette méthode fait partie du stratagème précédent et consiste, de façon très malicieuse, à mettre sa propre autorité en avant au lieu de fournir des raisons valables. La contre-attaque est alors de dire : « Permettez, mais vu votre grande capacité de pénétration, il doit vous être facile de comprendre ; tout cela est dû à la mauvaise qualité de mon exposé », et de lui ressasser tellement la chose qu'il est bien obligé, *nolens volens* (bon gré mal gré), de la comprendre, et qu'il devient clair qu'il n'y comprenait effectivement rien auparavant. Ainsi on a rétorqué. Il voulait insinuer que nous disions des « bêtises », nous avons prouvé sa « sottise ». Tout cela avec la plus parfaite des politesses.

STRATAGÈME 32

Nous pouvons rapidement éliminer ou du moins rendre suspecte une affirmation de l'adversaire opposée à la nôtre en la rangeant dans une catégorie exécrable, pour peu qu'elle s'y rattache par similitude ou même très vaguement. Par exemple : « C'est du manichéisme, c'est de l'arianisme, c'est du pélagianisme ; c'est de l'idéalisme ; c'est du spinozisme ; c'est du panthéisme ; c'est du brownianisme ; c'est du naturalisme ; c'est de l'athéisme ; c'est du rationalisme ; c'est du spiritualisme ; c'est du mysticisme, etc. ». En faisant cela, nous supposons deux choses : 1) que l'affirmation en question est réellement identique à cette catégorie, ou au moins contenue en elle, et nous nous écrions donc :

« Oh ! nous sommes au courant ! », et 2) que cette catégorie est déjà totalement réfutée et ne peut contenir un seul mot de vrai.

STRATAGÈME 33

« C'est peut-être vrai en théorie, mais en pratique c'est faux. » Grâce à ce sophisme, on admet les fondements tout en rejetant les conséquences ; en contradiction avec la règle *a ratione ad rationatum valet consequentia* (la conséquence tirée de la raison première valide le raisonnement). Cette affirmation pose une impossibilité : ce qui est juste en théorie doit aussi l'être en pratique ; si ce n'est pas le cas, c'est qu'il y a une erreur dans la théorie, qu'on a omis quelque chose, qu'on ne l'a pas fait entrer en ligne de compte ; par conséquent, c'est également faux en théorie.

STRATAGÈME 34

Si l'adversaire ne donne pas une réponse directe à une question ou à un argument, mais se dérobe au moyen d'une autre question ou d'une réponse indirecte, ou même essaie de détourner le débat, c'est là la preuve évidente que nous avons touché un point faible (parfois sans le savoir) : de sa part, c'est une façon relative de se taire. Il faut donc insister sur le point où nous avons mis le doigt et ne pas laisser l'adversaire tranquille, même lorsque nous ne voyons pas encore en quoi consiste au juste la faiblesse que nous avons décelée.

STRATAGÈME 35

… qui, dès qu'il est praticable, rend tous les autres superflus : au lieu d'agir sur l'intellect par des raisons, il faut agir sur la volonté par des mobiles, et l'adversaire ainsi que les auditeurs, s'ils ont les mêmes intérêts que lui, seront aussitôt gagnés à notre opinion, même si celle-ci venait tout droit d'un asile de fous. Car en général une once de volonté pèse plus lourd qu'un quintal d'intelligence et de conviction. Cela ne marche il est vrai que dans des circonstances particulières. Si l'on peut faire sentir à l'adversaire que son opinion, si elle était valable, causerait un tort considérable à ses intérêts, il la laissera tomber aussi vite qu'un fer rouge dont il se serait imprudemment emparé. Par exemple, un ecclésiastique soutient un dogme philosophique : il faut lui faire remarquer que celui-ci est en contradiction directe avec un dogme fondamental de son Église, et il le laissera tomber.

Un propriétaire terrien prétend qu'en Angleterre le machinisme est remarquable puisqu'une machine à vapeur fait le travail de plusieurs ouvriers : il faut lui faire comprendre que bientôt les voitures, elles aussi, seront tirées par des machines à vapeur, ce qui fera beaucoup baisser le prix des nombreux chevaux de son haras – et on verra bien. Dans de tels cas, le sentiment de chacun obéit à la maxime : « *quam temere in nosmet legem sancimus iniquam.* » (« quelle témérité à proclamer une loi qui se retourne contre nous »).

Même chose si les auditeurs font partie de la même secte que nous, de la même corporation, du même corps de métier, du même club, etc., mais pas l'adversaire. Sa thèse aura beau être juste, dès que nous laisserons moindrement entendre qu'elle va à l'encontre des intérêts de ladite corporation, etc., tous les auditeurs trouveront les arguments de l'adversaire, aussi excellents soient-ils, faibles et pitoyables, et les nôtres en revanche, fussent-ils inventés de toutes pièces, justes et pertinents ; en chœur, ils prendront bien haut parti pour nous, et l'adversaire tout honteux battra en retraite. Les auditeurs croiront même le plus souvent avoir choisi selon leur plus pure conviction. Car ce qui nous est défavorable paraît généralement absurde à l'intellect. *Intellectus luminis sicci non est*, etc. (l'intellect n'est pas le fait d'une lumière blême…). Ce stratagème pourrait s'intituler « attaquer l'arbre par la racine » ; on l'appelle d'ordinaire l'*argumentum ab utili*.

STRATAGÈME 36

Déconcerter, stupéfier l'adversaire par un flot insensé de paroles. Ce stratagème est fondé sur le fait que :

« habituellement l'homme croit, s'il n'entend que des paroles,

Qu'il doit s'y trouver aussi matière à réflexion. »

Si donc il a secrètement conscience de ses propres faiblesses, s'il est habitué à entendre toutes sortes de choses qu'il ne comprend pas tout en faisant semblant de les comprendre, on peut lui en imposer en lui débitant d'un air très sérieux des bêtises qui ont un air savant ou profond, à tel point qu'il est incapable d'entendre, de voir et de penser, et qu'on les fait passer pour la preuve la plus irréfutable qui soit de sa propre thèse. Comme on le sait, quelques philosophes ont récemment, face au public allemand, utilisé ce stratagème avec le plus brillant succès. Mais puisque *exempla sunt odiosa* (les exemples sont haïssables), nous prendrons un exemple plus ancien chez Goldsmith dans *Le Vicaire de Wakefield*, p. 34.

STRATAGÈME 37

(Qui devrait être l'un des premiers). Si l'adversaire a aussi raison sur l'objet du débat, mais qu'heureusement il choisit une mauvaise preuve, il nous est facile de réfuter cette preuve, et nous prétendons alors que c'est là une réfutation de l'ensemble. Au fond, cela revient à faire passer un *argumentum ad hominem* pour un *argumentum ad rem*. Si aucune preuve plus exacte ne lui vient à l'esprit ou à celui de ses assistants, nous avons gagné. Par exemple, si quelqu'un, pour prouver l'existence de Dieu, avance la preuve ontologique qui est parfaitement réfutable. C'est le moyen par lequel de mauvais avocats perdent une juste cause : ils veulent la justifier par une loi qui n'est pas adéquate, et la loi adéquate ne leur vient pas à l'esprit.

ULTIME STRATAGÈME

Si l'on s'aperçoit que l'adversaire est supérieur et que l'on ne va pas gagner, il faut tenir des propos désobligeants, blessants et grossiers. Être désobligeant, cela consiste à quitter l'objet de la querelle (puisqu'on a perdu la partie) pour passer à l'adversaire, et à l'attaquer d'une manière ou d'une autre dans ce qu'il est : on pourrait appeler cela *argumentum ad perso-nam* pour faire la différence avec l'*argumentum ad hominem*. Ce dernier s'écarte de l'objet purement objectif pour s'attacher à ce que l'adversaire en a dit ou concédé. Mais quand on passe aux attaques personnelles, on délaisse complètement l'objet et on dirige ses attaques sur la personne de l'adversaire. On devient donc vexant, méchant, blessant, grossier. C'est un appel des facultés de l'esprit à celles du corps ou à l'animalité. Cette règle est très appréciée car chacun est capable de l'appliquer, et elle est donc souvent utilisée. La question se pose maintenant de savoir quelle parade peut être utilisée par l'adversaire. Car s'il procède de la même façon, on débouche sur une bagarre, un duel ou un procès en diffamation.

Ce serait une grave erreur de penser qu'il suffit de ne pas être soi-même désobligeant. Car en démontrant tranquillement à quelqu'un qu'il a tort et que par voie de conséquence il juge et pense de travers, ce qui est le cas dans toute victoire dialectique, on l'ulcère encore plus que par des paroles grossières et blessantes. Pourquoi ? Parce que, comme dit Hobbes (*De Cive*, c. 1) : *Omnis animi voluptas, omnisque alacritas in eo sita est, quod quis habeat, quibuscum conferens se, possit magnifice sentire de se ipso* (Toute volupté de l'esprit, toute bonne humeur vient de ce qu'on a des gens en comparaison desquels on puisse avoir une haute estime de soi-même). Rien n'égale pour l'homme le fait de satisfaire sa vanité, et aucune blessure n'est plus douloureuse que de la voir blessée. (D'où des tournures telles que « l'honneur avant tout », etc.). Cette satisfaction de la vanité naît principalement du fait que l'on se compare aux autres, à tout point de vue, mais surtout au point de vue des facultés intellectuelles. C'est justement ce qui se passe effectivement et très violemment dans toute controverse. D'où la colère du vaincu, sans qu'on lui ait fait tort, d'où son recours à ce dernier expédient, à ce dernier stratagème auquel il n'est pas possible d'échapper en restant soi-même poli. Toutefois, un grand sang-froid peut être là aussi salutaire : il faut alors, dès que l'adversaire passe aux attaques personnelles, répondre tranquillement que cela n'a rien à voir avec l'objet du débat, y revenir immédiatement et continuer de lui prouver qu'il a tort sans prêter attention à ses propos blessants, donc en quelque sorte, comme dit Thémistocle à Eurybiade : πάταξον μὲν ἄκουσον[1]. Mais ce n'est pas donné à tout le monde.

La seule parade sûre est donc celle qu'Aristote a indiquée dans le dernier chapitre des *Topiques* : ne pas débattre avec le premier venu, mais uniquement avec les gens que l'on connaît et dont on sait qu'ils

---

1. Frappe, mais écoute (N.d.T.).

sont suffisamment raisonnables pour ne pas débiter des absurdités et se couvrir de ridicule. Et dans le but de s'appuyer sur des arguments fondés et non sur des sentences sans appel ; et pour écouter les raisons de l'autre et s'y rendre ; des gens dont on sait enfin qu'ils font grand cas de la vérité, qu'ils aiment entendre de bonnes raisons, même de la bouche de leur adversaire, et qu'ils ont suffisamment le sens de l'équité pour pouvoir supporter d'avoir tort quand la vérité est dans l'autre camp. Il en résulte que sur cent personnes il s'en trouve à peine une qui soit digne qu'on discute avec elle. Quant aux autres, qu'on les laisse dire ce qu'elles veulent car *desipere est juris gentium* [1], et que l'on songe aux paroles de Voltaire : « La paix vaut encore mieux que la vérité. » Et un proverbe arabe dit : « À l'arbre du silence est accroché son fruit : la paix. »

Toutefois, en tant que joute de deux esprits, la controverse est souvent bénéfique aux deux parties car elle leur permet de rectifier leurs propres idées et de se faire aussi de nouvelles opinions. Seulement, il faut que les deux adversaires soient à peu près du même niveau en savoir et en intelligence. Si le savoir manque à l'un, il ne comprend pas tout et n'est pas au niveau. Si c'est l'intelligence qui lui manque, l'irritation qu'il

---

1. C'est un droit des gens que d'extravaguer (N.d.T.).

en concevra l'incitera à recourir à la mauvaise foi, à la ruse et à la grossièreté.

Il n'y a pas de différence essentielle entre la controverse *in colloquio privato s. familiari*[1] et la *disputatio sollemnis publica, pro gradu*[2], etc. Si ce n'est que dans le deuxième cas il est exigé que le *Respondens*[3] ait toujours raison contre l'*Opponens*[4], ce qui explique qu'en cas de nécessité le *praeses*[5] doive lui prêter main-forte ; ou encore : dans le deuxième cas les arguments sont plus formels et on aime les revêtir de la forme stricte d'une conclusion.

---

1. Dans une conversation privée et familière (N.d.T.).
2. La discussion solennelle et publique, selon le rang (N.d.T.).
3. Celui qui répond (N.d.T.).
4. Celui qui s'oppose (N.d.T.).
5. Le président de séance (N.d.T.).

Appendice 1

La logique et la dialectique ont déjà été utilisées comme synonymes par les Anciens ; bien que λογίζεσθαι (méditer, réfléchir, évaluer) et διαλέγεσθαι (s'entretenir) soient deux choses tout à fait différentes. Comme le rapporte Diogène Laërce, Platon a été le premier à employer le terme de dialectique (διαλεκτική, διαλεκτική, πραγματεία, διαλεκτικὸς ἀνήρ). Et nous découvrons dans *Phèdre*, *Le Sophiste*, le livre VII de *La République*, etc., qu'il entend par là l'usage régulier de la raison et l'habileté dans cet art. Aristote utilise τὰ διαλεκτικά dans le même sens : cependant (d'après Laurentius Valla), il aurait d'abord employé λογική dans la même acception ; nous trouvons chez lui λογικὰς δυσχέρειας, c'est-à-dire *argutias* (arguties), πρότασιν λογικήν (prémisse logique), ἀπορίαν λογικήν (aporie logique). Ainsi, διαλεκτική serait plus ancien que λογική. Cicéron et Quintilien utilisent dans le même sens

général *Dialectica* et *Logica*. Cicéron dans *Lucullo :*
Dialecticam inventam esse, veri et falsi quasi discep-
tatricem. – Stoici enim judicandi vias diligenter perse-
cuti sunt, ea scientia, quam Dialecticen appellant (La
dialectique a été inventée pour faire une distinction
entre le vrai et le faux. Les stoïciens ont soigneusement étudié les méthodes du jugement, et c'est cette
science qu'ils appellent la dialectique) (Cicéron,
Topiques, chap. 2). Quintilien, livre XII, 2 : *Itaque*
haec pars dialecticae, sive illam disputatricem dicere
malimus (C'est pourquoi cette partie de la dialectique,
ou, comme nous préférons l'appeler, l'art de la controverse) : ce dernier terme lui paraît donc être l'équiva-
lent latin de διαλεκτική. (Tout cela d'après *Petri Rami*
dialectica, Audomari Talaei prælectionibus illustrata,
1569). Cette façon d'employer les termes de logique
et de dialectique comme synonymes s'est également
maintenue au Moyen Âge et à l'époque moderne,
jusqu'à aujourd'hui. Cependant, on a récemment –
Kant en particulier – assez souvent utilisé le mot
« dialectique » dans un sens péjoratif signifiant « art
sophistique de la controverse », et de ce fait on a pré-
féré le terme « logique » considéré comme plus inno-
cent. Toutefois ces deux mots signifient originellement
la même chose, et au cours de ces dernières années on
les a considérés de nouveau comme synonymes.

Appendice 2

Il est regrettable que les termes « dialectique » et « logique » aient de tout temps été utilisés comme synonymes et que je ne sois donc pas vraiment libre de séparer leurs significations, comme je le voudrais, et de définir la « logique » (de λογίζεσθαι : méditer, calculer – et de λόγος : la parole et la raison, qui sont inséparables) comme « la science des lois de la pensée, c'est-à-dire la démarche de la raison » – et la « dialectique » (de διαλέγεσθαι : s'entretenir ; or, tout entretien communiquant soit des faits, soit des opinions, il est historique ou délibératif) comme « l'art de la controverse » (ce mot étant pris dans son sens moderne). – Il est manifeste que la logique a donc un objet définissable purement *a priori*, sans adjonction empirique : les lois de la pensée, la démarche de la raison (du λόγος) – démarche que celle-ci adopte quand elle est livrée à elle-même, donc dans la réflexion solitaire et sereine d'un être raisonnable que rien ne viendrait égarer. La dialectique, en revanche, traite-rait de la communauté de deux êtres raisonnables qui par conséquent pensent ensemble, ce qui fait que dès qu'ils ne sont pas au même diapason il en résulte une controverse, c'est-à-dire une joute intellectuelle. S'ils étaient raison pure, ces deux individus devraient être d'accord. Leurs divergences sont dues à la diversité, trait essentiel de l'individualité, et sont donc un élé-ment empirique. La logique, la science de la pensée, c'est-à-dire de la démarche de la raison pure, pourrait donc être fondée *a priori* ; la dialectique ne pourrait l'être en grande partie qu'*a posteriori*, à partir de la connaissance empirique des troubles subis par la pen-sée pure à cause de la diversité des individualités quand deux êtres raisonnables pensent ensemble, et des moyens que les individus utilisent l'un contre l'autre, chacun voulant imposer sa pensée personnelle comme pensée pure et objective. Car il est inhérent à la nature humaine que, lors d'une réflexion en com-mun (διαλέγεσθαι, c'est-à-dire communication d'opi-nions – à l'exclusion des discussions historiques), si A se rend compte que les pensées de B concernant le même objet sont différentes des siennes, il ne révise pas sa propre pensée pour y trouver l'erreur mais sup-pose que celle-ci se trouve dans la pensée de l'autre. C'est-à-dire que l'homme, par sa nature, veut toujours avoir raison, et ce qui résulte de cette caractéristique, c'est ce qu'enseigne la discipline que je voudrais appeler la dialectique, mais que, pour éviter tout malentendu, j'appellerai « dialectique éristique ». Elle serait donc la doctrine de la démarche inspirée par la certitude d'avoir raison qui est dans la nature de tout être humain.

Appendice 3

Dans les *Topiques*, Aristote s'est attelé, avec son esprit scientifique coutumier, à fonder la dialectique de façon extrêmement méthodique et systématique, ce qui mérite notre admiration même si l'objectif, qui est ici évidemment pratique, n'a pas été vraiment atteint. Après avoir examiné dans les *Analytiques* les concepts, les jugements et les conclusions sous l'angle de leur seule forme, il passe ensuite au contenu qui ne concerne à vrai dire que les concepts puisque c'est en eux qu'il existe. Les thèses et les conclusions ne sont en soi que pure forme, les concepts étant leur contenu. Sa démarche est la suivante : toute controverse a à sa base une thèse ou un problème (ne se distinguant que par la forme), et ensuite des propositions censées servir à les résoudre. Il s'agit là toujours du rapport des concepts entre eux. Ces rapports sont d'abord au nombre de quatre. En effet, on cherche à propos d'un concept 1) sa définition ou 2) son genre ou 3) sa marque distinctive, sa caractéristique principale, *proprium*, ἴδιον, ou 4) son *accidens*, c'est-à-dire une propriété quelconque, qu'elle lui appartienne en propre et exclusivement ou non, bref, un prédicat. C'est à l'un de ces rapports qu'il faut ramener le problème de toute controverse. Cela est la base de toute la dialectique. Dans les huit livres qu'il lui consacre, Aristote définit tous les rapports que les concepts peuvent avoir entre eux sous ces quatre points de vue, et il donne les règles pour chaque rapport possible : comment un concept doit se comporter envers un autre pour être son *proprium*, son *accidens*, son *genus*, son *definitum* ou sa définition ; quelles fautes peuvent être facilement commises lors de la définition, et ce qu'il faut observer chaque fois quand on établit soi-même un tel rapport (κατασκευάζειν) et ce que l'on peut faire, une fois que l'adversaire l'a établi, pour le renverser (ἀνασκευάζειν). L'élaboration de chacune de ces règles ou de chacun de ces rapports généraux entre ces concepts de classe, il l'appelle τόπος, *locus*, et il donne 382 de ces τόποι, d'où *Topica* (*Topiques*). Il y joint en plus quelques règles générales sur la controverse en général, mais elles sont loin d'être exhaustives.

Le τόπος n'est donc pas purement matériel, il ne se rapporte pas à un objet ou à un concept précis ; il concerne toujours un rapport entre des classes entières de concepts, rapport qui peut être commun à d'innombrables concepts dès qu'ils sont considérés sous l'un des quatre points de vue déjà mentionnés, ce qui est le cas dans toute controverse. Et ces quatre points de vue ont à leur tour des sous-classes. L'examen est donc toujours formel dans une certaine mesure, mais pas aussi purement formel que dans la logique puisqu'il s'occupe du contenu des concepts, mais d'une façon formelle, en indiquant comment le contenu du concept A doit se comporter face à celui du concept B pour que celui-ci puisse être défini comme son *genus* ou son *proprium* (caractéristique) ou son *accidens* ou sa définition, ou selon les rubriques qui leur sont subordonnées : antinomie (ἀντικείμενον), cause et effet, qualité et défaut, etc. Et c'est autour d'un tel rapport que tournerait chaque controverse. La plupart des règles formulées par Aristote sur ces rapports, et qu'il désigne justement par le terme de τόποι, sont celles qui sont dans la nature des rapports entre concepts; chacun est de lui-même conscient de ces règles et tient aussi à ce que l'adversaire les respecte, tout comme en logique, et il est plus facile, dans un cas particulier, de les observer ou de remarquer qu'elles ne l'ont pas été que de se souvenir du τόπος abstrait les concernant. C'est pourquoi l'intérêt pratique de cette dialectique n'est pas très grand. Il ne dit presque que des choses allant de soi et que le bon sens prend en considération de lui-même. Exemples : « Quand on affirme le *genus* d'une chose, il faut que lui revienne une quelconque *species* de ce *genus* ; sinon l'affirmation est fausse. On prétend, par exemple, que l'âme est en mouvement ; il faut donc qu'elle ait une certaine sorte de mouvement, vol, marche, croissance, décroissance, etc. – si ce n'est pas le cas, c'est qu'elle n'est pas en mouvement. Donc ce à quoi on ne peut attribuer de *species* ne peut pas non plus avoir de *genus* : c'est le τόπος. » Ce τόπος sert à construire et à détruire. C'est le neuvième τόπος. Et inversement : si le *genus* ne peut être attribué, la *species* non plus. Par exemple, quelqu'un (prétend-on) aurait dit du mal d'un autre : si nous prouvons qu'il n'a rien dit du tout, cela ne peut être le cas, car là où il n'y a pas de *genus* il ne peut y avoir de *species*.

Sous la rubrique du caractère propre, *proprium*, le 215e *locus* est ainsi formulé : « D'abord pour renverser : si l'adversaire indique comme caractère propre quelque chose qui n'est perceptible que par les sens, c'est une mauvaise indication car tout ce qui est sensible devient incertain dès qu'on quitte le domaine du sensible ; par exemple, s'il pose comme caractère propre du soleil qu'il est l'astre le plus lumineux passant au-dessus de la terre, cela ne vaut rien ; car quand le soleil s'est couché, nous ignorons s'il passe au-dessus de la terre parce qu'il se trouve en dehors du domaine des sens. Ensuite pour construire : on donne correctement un caractère propre si on en pose un qui n'est pas reconnu par les sens, ou dont la présence est une nécessité, au cas où il serait reconnu par les sens. Par exemple, si l'on indique comme caractère propre de la surface qu'elle est d'abord colorée, c'est là, certes, une caractéristique sensible, mais cette caractéristique est évidemment permanente donc juste. » Voilà qui pourra vous donner une idée de la dialectique d'Aristote. Elle ne me semble pas atteindre son but, et j'ai donc essayé de m'y prendre autrement. Les *Topiques* de Cicéron sont une imitation de celles d'Aristote, faite de mémoire, extrêmement superficielle et pauvre. Cicéron n'a pas la moindre notion claire de ce qu'est la nature et la finalité d'un *topus* ; aussi radote-t-il *ex ingenio* (selon son idée) en faisant toute une salade abondamment pimentée d'exemples juridiques. L'un de ses plus mauvais textes.

Mais les concepts peuvent être subsumés sous certaines classes telles que le genre et l'espèce, la cause et l'effet, la qualité et son contraire, la possession et la privation, etc. ; et ces classes sont régies par quelques règles générales, les *loci*, τόποι. Par exemple, un *locus* de la cause et de l'effet est : « La cause de la cause est cause de l'effet » ; application : « La cause de mon bonheur est ma richesse, donc celui qui m'a donné ma

richesse est aussi l'auteur de mon bonheur. » Les *loci*
de l'opposition : 1) Ils s'excluent l'un l'autre, par
exemple, droit et tordu. 2) Ils sont dans le même
sujet : par exemple, l'amour siège dans la volonté
(ἐπιθυμητικόν), donc la haine aussi. Mais si celle-ci se
trouve dans le siège du sentiment (θυμοειδές), alors
l'amour aussi. Si l'âme ne peut être blanche, elle ne
peut non plus être noire. Si le degré inférieur manque,
le degré supérieur aussi ; si un homme n'est pas juste,
il n'est pas non plus bienveillant. Vous voyez donc que
les *loci* sont certaines vérités générales qui touchent
des classes entières de concepts auxquelles on peut
se référer dans les cas particuliers qui se présentent
pour y puiser ses arguments et aussi pour s'en récla-
mer comme de vérités évidentes pour tous. Cependant la plupart des *loci* sont fort trompeurs et soumis
à de nombreuses exceptions. Par exemple, un *locus*
dit : les choses opposées ont des rapports opposés,
par exemple, la vertu est belle, le vice est laid –
l'amitié est bienveillante, l'hostilité malveillante.
Mais alors : le gaspillage est un vice, donc l'avarice
une vertu ; les fous disent la vérité, donc les sages
mentent : cela ne va pas. La mort est disparition,
donc la vie naissance : faux.

Exemple du caractère trompeur de ces *topi* : Scot
Erigène dans son traité *De prædestinatione* (chap. 3),
veut réfuter les hérétiques qui supposaient en Dieu

deux *prædestinationes* (l'une pour le salut des élus, l'autre pour la damnation des réprouvés), et utilise dans ce but le *topus* suivant (pris Dieu sait où) : « *Omnium, quæ sunt inter se contraria, necesse est eorum causas inter se esse contrarias ; unam enim eamdemque causam diversa, inter se contraria efficere ratio prohibet.* » (« Pour toutes les choses qui s'opposent, il faut qu'il y ait des causes opposées : en effet, la raison interdit qu'une seule et même cause produise des effets divers mais opposés. ») Soit ! mais l'*experientia docet* (l'expérience enseigne) que la même chaleur durcit l'argile et ramollit la cire, et cent choses de ce genre. Et pourtant le *topus* semble plausible. Mais sa démonstration, il l'édifie tranquillement sur ce *topus*, et elle ne nous concerne plus.

Sous le titre *Colores boni et mali*, Bacon de Verulam a constitué toute une collection de *loci* avec leur réfutation. Ils doivent faire office d'exemples. Il les appelle *sophismata*.

On peut aussi considérer comme un *locus* l'argument par lequel Socrate, dans *Le Banquet*, répond à Agathon, qui avait attribué à l'amour les plus grandes qualités qui soient, comme la beauté, la bonté etc., et lui prouve le contraire : « Ce que l'on cherche, on ne l'a pas ; or l'amour cherche le beau et le bon, donc il ne les a pas. » Il y aurait apparemment certaines vérités générales applicables à tout et grâce auxquelles on pourrait décider de tous les cas qui se présentent, aussi divers soient-ils pris séparément, sans s'occuper davantage de ce qu'ils ont de spécial. (La loi de la compensation est un très bon *locus*.) Seulement, c'est impossible parce que les concepts sont nés justement du fait que l'on fait abstraction des différences et qu'ils comprennent donc les choses les plus diverses, ce qui ressort quand, à l'aide des concepts, on rapproche les choses les plus diverses et qu'on ne tranche que d'après les concepts supérieurs. L'homme a même naturellement tendance, quand il est en mauvaise position dans la controverse, à se réfugier derrière un quelconque *topus* général. Les *loci* sont aussi les *lex parsimoniæ naturae* (lois de l'économie de la Nature) ; également : *natura nihil facit frustra* (la nature ne fait rien en vain). En fait, tous les proverbes sont des *loci* avec une connotation pratique.

Le Langage en état de guerre

Le nom de Schopenhauer renvoie le plus souvent à l'image d'une philosophie sombre et à une pensée profondément désenchantée en ce qui concerne tout sens possible de l'existence. Seule dominerait le pessimisme de l'auteur du *Monde comme volonté et représentation*, éclipsant sa réflexion sur les sciences et sur la logique. La pensée de la vie comme force sans finalité propre, comme devenir aveugle, serait indifférente, voire hostile, à toute rationalité. Or, notre philosophe s'est toujours intéressé aux systèmes logiques, aux formes de raisonnement, de manière certes plus historique que véritablement novatrice. Rappelons que sa pensée est presque toujours soigneusement argumentée en vue d'une démonstration précise : cet « irrationaliste », ce théoricien du vouloir vivre, est très attentif à la logique des discours. Certes, en tant que métaphysique de la vie, sa démarche implique une rupture avec le paradigme physico-mathématique qui structurait l'œuvre de Kant. De manière plus décisive, comme ses contemporains Schelling et Hegel, Schopenhauer édifie un système qui, Alexis Philonenko l'a montré, suppose pour la première fois dans l'histoire de la pensée philosophique une certaine dévalorisation du modèle mathématique. Telle qu'il la conçoit, la logique se concentre surtout sur le problème du jugement et s'attache aux formes exclusivement verbales du raisonnement. D'où son intérêt pour la tradition antique : Socrate et Platon certes, non sans maintes réserves, mais surtout les deux grands livres de l'*Organon* d'Aristote, à savoir *Les Topiques* et *Les Réfutations sophistiques*. Et naturellement la rhétorique qu'Aristote considérait comme une sorte d'annexe de la dialectique.

C'est donc en vain qu'on chercherait chez Schopenhauer de subtiles observations sur la logique en tant que telle, sur les modalités du jugement ou sur l'apport des mathématiques dans la constitution des formes de raisonnement. Sur ce point, il se contente de se référer à l'œuvre critique de Kant. Le texte, « L'art d'avoir toujours raison » est tiré de ses œuvres posthumes et fut publié en 1864. L'originalité de ce petit traité est d'analyser, dans la tradition d'Aristote, une forme de discours que la philosophie avait délaissée depuis l'Antiquité et qui est pourtant la plus proche de l'usage que nous faisons quotidiennement du langage. Il s'agit de cet art du dialogue qu'est la controverse. Rien n'est plus habituel et même plus banal que cet échange entre deux ou plusieurs interlocuteurs et au cours duquel se décide la maîtrise de l'un des deux. Et cependant, cette mise à l'épreuve de notre pouvoir de persuasion dans notre rapport avec autrui exige une connaissance des ressources de notre langage et donc une certaine logique. L'intérêt de cet écrit est précisément de s'être attaché à une manière d'exercer le discours que la philosophie moderne a complètement négligée. En effet, depuis la logique de Port-Royal et la *Critique de la raison pure* jusqu'à l'avènement de la logique moderne, celle de Frege, seule l'analyse des propositions énonçant une vérité ou un mode de validité dont l'objectivité se rapproche de l'exactitude mathématique a désormais droit de cité. Les propositions probables, vraisemblables, relevant de l'opinion ou des stéréotypes sont exclues de l'examen logique dans la mesure où elles ne peuvent présenter aucun caractère scientifique. Or, il faut bien convenir que la plupart des énoncés que nous formulons dans nos rapports avec autrui sont aussi éloignés que possible de la rigueur scientifique ou philosophique.

Dans la controverse ou la plus mauvaise querelle, les hommes sont le plus souvent contraints de présenter un semblant d'argument ou l'ombre d'une preuve. En fait, chacun est animé par le désir d'affirmer ses

« idées » ou ses opinions sans trop de souci de rigueur et de réflexion. Seuls importent l'effet de persuasion et le sentiment de manifester une supériorité sur l'interlocuteur. À cet égard, Schopenhauer ne nourrit aucune illusion sur la vanité des hommes. S'ils étaient tous capables d'honnêteté intellectuelle en se préoccupant d'abord de la vérité, son traité n'aurait assurément aucune raison d'être. Mais le besoin constant d'avoir raison à bon compte, c'est-à-dire sans beaucoup de scrupule et sans recherche de preuves tangibles, n'est rien d'autre, selon le philosophe, que l'expression de la « perversité du genre humain. » Il est donc naïf de penser que le désir de vérité subsisterait chez les hommes, seulement brimés par une logique défaillante ou une connaissance imparfaite des lois de la logique. Ce qui domine dans le dialogue est d'une autre nature : la volonté de s'affirmer, de faire prévaloir ce que l'auteur nomme une « vanité innée » au détriment d'une vision exacte et relativement objective des choses. L'exercice du discours se fait dans des conditions parfaitement étrangères à toute préoccupation théorique et philosophique. La plupart des protagonistes n'hésitent pas à recourir à toutes les formes de malhonnêteté intellectuelle et de mauvaise foi. En présence d'interlocuteurs de ce genre, ceux-là mêmes avec lesquels nous sommes chaque jour confrontés, l'attitude logique n'est pas seulement dérisoire mais elle est surtout vouée à l'échec. L'exigence de vérité apparaît dès lors comme le cadet des soucis de la plupart des hommes, particulièrement des politiques comme des hommes de communication qui ignorent aujourd'hui jusqu'au nom de la sophistique. L'attitude de Schopenhauer en face de cette situation, qui est imposée et dont nous sommes souvent les complices est singulière : elle va à rebours de tout ce que la tradition socratique a enseigné. Il ne s'agit plus cette fois de retrouver le jugement droit par les vertus du logos, en s'arrachant progressivement au pathos du discours. Au contraire, notre philosophe préconise cyniquement de s'installer dans les positions d'autrui, d'épouser parfois le mouvement de son raisonnement pour en exploiter les faiblesses. Ce rapport de forces est étranger à la dialectique, cet art du dialogue inauguré par Platon, mais constitue de fait une dialectique éristique, à savoir un art de la controverse dont l'issue est en quelque sorte la victoire ou la défaite de l'autre. Cet art se définit comme une pure pratique en ce sens qu'il est essentiellement dépourvu de toute fin théorique ou spéculative. Puisque autrui, à force de raisonnements captieux et d'affirmations plus ou moins arbitraires, nous met dans l'embarras, nous réduit à la défensive, la seule solution est de se prêter au jeu de son langage, non pour découvrir une quelconque vérité, mais pour trouver un argument qui désarme l'adversaire. Étant donné la nécessité d'avoir raison de quelque manière, en refusant de laisser l'interlocuteur vous dominer avec un discours fallacieux, il faut bien recourir à des stratégies destinées au fond à nous tirer d'un mauvais pas. Cette situation exige donc une technique, des ruses et une habileté propres afin d'échapper aux pièges discursifs que nous tend autrui, parfois sans intention malveillante. Il peut donc être très utile de constituer une série de situations de controverses, d'échanges d'arguments d'où l'on pourra définir ce que Schopenhauer appelle des stratagèmes. Ils ont ceci de commun avec la stratégie militaire que le seul objectif poursuivi est de vaincre l'autre, en le désarmant littéralement. Le stratagème n'est pas une règle logique, une pure technique pragmatique pour se débarrasser d'un importun, mais un procédé pour prendre en défaut le discours d'autrui afin de le disqualifier. Sans doute l'auteur a-t-il pris maints exemples dans Aristote, Cicéron ou Quintilien, ces véritables théoriciens du pouvoir de la parole. Les 38 stratagèmes présentés dans ce livre forment une topique, au sens classique, c'est-à-dire un ensemble de lieux spécifiques, de lieux communs indiquant chacun une situation propre de ce mode de conflit qu'est la controverse. La liste eût assurément pu être plus longue. Outre les situations réelles dans lesquelles il sera impliqué, le lecteur peut sans doute la compléter en consultant les textes de la rhétorique ou de la sophistique antiques, mais aussi certains auteurs du XVIIᵉ siècle, tel Baltasar Gracian (*L'Homme de cour*, en particulier.) L'influence de cet auteur sur Schopenhauer nous semble décisive dans ce traité. Il traduisit du reste, en allemand son œuvre majeure, *Le Criticon*. Le pessimisme métaphysique de l'un est nourri par la vision implacable du jésuite espagnol. Chez tous deux, il s'agit essentiellement de trouver la plus grande acuité du mot, l'exactitude du vocable qui peut à tout moment transformer à notre avantage une posture devenant fâcheuse. Les mots et les arguments sont ainsi des poignards dont la pointe peut tuer, du moins par le ridicule ou la mise en lumière d'une sottise sans limites. Aux yeux de Schopenhauer, ces duels verbaux sont dépourvus de toute loyauté et de toute noblesse, puisqu'il va jusqu'à nous inciter à recourir à l'injure à l'égard de l'interlocuteur lorsque celui-ci risque d'imposer ses arguments. Il est vrai que l'optique du philosophe est aussi éloignée que possible de tout humanisme : la seule réalité qui vaille est notre propre victoire. Même s'il sait mieux que quiconque que le vrai maître du jeu reste finalement le langage et ses ressources infinies.

DIDIER RAYMOND

Vie de Schopenhauer

1766. Naissance à Dantzig de Johanna Henriette Trosenier, fille de Christian Heinrich Trosenier, négociant.

1785. Mariage sans amour avec Heinrich Floris Schopenhauer, de vingt ans son aîné, riche négociant en gros de Dantzig.

1788. Naissance d'Arthur Schopenhauer.

1797. Arthur est placé chez un correspondant de son père au Havre pour y apprendre le français. Son père le destine à une carrière commerciale.

1799. Première série de voyages avec son père qui veut lui apprendre à lire « dans le grand livre du monde. » Ils visitent Hanovre, Cassel, Weimar, Prague, Dresde, Leipzig, Berlin. Schopenhauer tient un journal de voyage. Il se déclare attiré par la vie intellectuelle et veut abandonner ses études commerciales.

De 1803 à 1804. Il effectue divers voyages en Europe : il se rend aux Pays-Bas et revient par Londres où il assiste à une exécution capitale. Puis il fait un séjour à Paris où il est accueilli par Sébastien

Mercier et rencontre le Premier consul. Long périple à travers la France. En 1804, il est à Bordeaux où il fréquente les bals et les mascarades. À Toulon, il visite les galères. Impressions vives : « Je considère le sort de ces malheureux plus affreux que la peine de mort. » Réflexion différente de sa mère, Johanna qui note : « Si la ville était exposée à la colère de ces 6 000 désespérés, ce qu'on peut imaginer est effroyable. » Il visite la Suisse, admire le mont Blanc et éprouve de très fortes émotions esthétiques. Voyage enfin en Autriche. Bilan de cette traversée de l'Europe : « La vie est un dur problème, j'ai résolu de consacrer la mienne à y réfléchir. »

1805. Entreprend des études commerciales à contrecœur.

1806. Suicide de son père. Pense que la mésentente de ses parents n'est pas étrangère à ce drame.

1807. Délivré de sa promesse, entreprend avec l'accord de sa mère des études secondaires.

1807-1808. Poursuit ses études à Weimar. Apprend les langues anciennes, lit Homère.

1809. Rencontre l'actrice Caroline Jageman lors d'un bal masqué. Le 9 octobre de la même année, inscription à Göttingen en faculté de médecine. Pratique des dissections, étudie l'anatomie avec Hempel, la physiologie avec Blumenbach. Fréquente les hôpitaux psychiatriques.

1810. Il s'inscrit à la faculté de philosophie. Découvre Platon, Kant, Aristote. S'initie au kantisme avec Schulze.

1810. Université de Berlin. Suit les cours de Schleiermacher, de Lichtenstein en zoologie. Assiste au cours de Fichte. Dans un premier temps, perplexité : « Je dois avouer que tout ce qui se dit est très obscur, mais il est possible que je n'aie pas compris convenablement. » Deuxième temps, agacement : « Il a dit des choses qui me donnent envie de lui mettre un pistolet sur la gorge. »

1813. Retour à Weimar. Excédé par la vie mondaine de sa mère qu'il compare à une veuve joyeuse. Soupçonne Frederich Müller von Gerstenberg, hôte à demeure de Johanna, d'être son amant. Échanges vifs avec celui-ci, heurts avec sa mère. Sarcasmes réciproques.

Juin. Guerre d'indépendance. Toute l'Allemagne se dresse contre Napoléon. Schopenhauer reste à l'écart et rédige sa thèse de doctorat : *La Quadruple Racine du principe de raison suffisante.* Il la soutiendra avec succès le 10 octobre à l'université d'Iéna.

5 novembre. Rencontre de Goethe à Weimar. Le poète suggère à Schopenhauer de travailler à une théorie antinewtonienne de la vision d'où naîtra l'*Essai sur les couleurs.* Nouvelles disputes avec sa mère à la suite desquelles il quitte Weimar et ne la reverra jamais.

1814. Rédaction du *Monde comme volonté et représentation.*

1816. Parution de *De la vision et des couleurs.* Liaison avec une femme de chambre qui tombe enceinte. Départ pour l'Italie.

Fin 1819. Chargé de cours à l'université de Berlin. Choisit de faire ses cours à la même heure que Hegel.

1819. Parution du *Monde comme volonté et représentation* chez Brockhaus à Leipzig

1822. Second séjour en Italie.

1823. Munich : maladies. Remonte au nord par Stuttgart, Mannheim.

1825. Retour à Berlin. Hegel est toujours à la mode. Velléités de cours. Échec d'un projet de traduction. Refus des éditeurs.

1827. Cherche un poste dans une université d'Allemagne du Sud. Échec.

1831. Arrivée à Francfort. Renoue plus tard avec sa mère et sa sœur, du moins épistolairement. Dépressions. Vie solitaire avec sa gouvernante et son chien. Il s'est installé dans un petit appartement. Aux murs de son salon sont accrochés des portraits de chiens, alternant avec ceux de Platon, Kant et d'autres.

1835. Brockhaus lui signale que les ventes du *Monde comme volonté et représentation* sont toujours nulles. Publie *De la Volonté dans la nature*, où il fait l'éloge des deux médecins français, Cabanis et Bichat. Nouvel échec.

1837. Concours de La Société Royale de Norvège sur la liberté. Schopenhauer obtient le prix le 26 janvier. Deuxième concours de la Société Royale de Copenhague sur l'origine et le fondement de la morale. Échec.

1838. Mort de Johanna Schopenhauer.

1843. Propose à Brockhaus une nouvelle édition du *Monde comme volonté et représentation*. Refus de l'éditeur. Schopenhauer propose une édition de cet ouvrage sans les Suppléments. L'éditeur accepte. Quelques admirateurs deviennent des disciples : Dorguth, Becker, Frauenstadt.

1846. Schopenhauer s'enquiert de l'état des ventes. Brockhaus répond : « J'ai fait une mauvaise affaire. »

1851. Parution des *Parerga et Paralipomena*.

1853. Début de la notoriété du philosophe.

1854. La faculté de Leipzig met en concours un mémoire sur sa philosophie. Schopenhauer devient célèbre.

1859. Troisième édition du *Monde comme volonté et représentation*.

21 septembre 1860. Mort de Schopenhauer.

Repères bibliographiques

Publications du vivant de Schopenhauer

◆ 1813. *De la quadruple racine du principe de raison suffisante.*

◆ 1816. *De la vision et des couleurs.*

◆ 1819. *Le Monde comme volonté et représentation.*

◆ 1836. *De la volonté dans la nature.*

◆ 1841. *Deux problèmes fondamentaux de l'éthique* (Essai sur le libre arbitre et le fondement de la morale.)

◆ 1844. *Le Monde comme volonté et comme représentation.* 2ᵉ édition comprenant les *Suppléments.*

◆ 1851. *Parerga et Paralipomena.*

Éditions globales

Parmi les éditions des œuvres complètes de Schopenhauer, on notera : une édition publiée par Julius Frauenstadt, Leipzig 1873-1874.

L'édition publiée par Griesebach en 1892.

L'édition intégrale publiée par A. Hubscher en 1968 comprenant les inédits (Waldemar Kramer, Francfort-sur-le-Main.) Une édition format livre de poche en 1978 (10 vol. Detebe, 140/1-X)

La correspondance complète, établie par Hubscher, est parue chez Bouvier (Bonn, 1979.)

Principales traductions françaises

- *Le Monde comme volonté et représentation* a été traduit en 1886 par J.A. Cantacuzène, puis par Burdeau en 1888. La dernière traduction est de R. Roos (P.U.F., 1966).
- *De la quadruple racine du principe de raison suffisante* a été traduit par Cantacuzène en 1882, puis par Gibelin (Vrin). Réédité en 1991 par Vrin, traduit et annoté par F. X. Chenet.
- *L'Essai sur le libre arbitre* a été traduit par Salomon Reinach en 1984. Réédité chez Rivages dans une édition revue et corrigée par Didier Raymond, 1992.
- *Le Journal de voyage*, traduit et préfacé par Didier Raymond. Mercure de France, 1988.
- *Correspondance complète*, traduction C. Seedicke, préface de F. Pagès, édition Alive, 1996.
- *Les Parerga et Paralipomena* ont été traduits par Dietrich et publiés chez Alcan entre 1905 et 1912 (8 vol.).

Sur Schopenhauer

- BAILLOT, *Influence de la philosophie de Schopenhauer en France*, Vrin, 1927.
- BOSSERT, *Schopenhauer, Schopenhauer*, Hachette, 1904.
- BRÉHIER, « L'unique pensée de Schopenhauer », Revue de métaphysique et de morale, octobre 1938.
- FAUCONNET, *L'Esthétique de Schopenhauer*, Alcan, 1913. « *Schopenhauer précurseur de Freud* », Mercure de France, décembre 1933.
- PICLIN, *Schopenhauer ou le tragédien de la volonté*, Seghers.
- RIBOT, *La Philosophie de Schopenhauer*, Alcan, 1888.
- ROSSET, *Philosophe de l'absurde*, P.U.F., 1967. *L'Esthétique de Schopenhauer*, PUF, 1969.
- RUYSSEN, *Schopenhauer*, Alcan, 1911.

◆ Pernin, *Schopenhauer, le déchiffrement de l'énigme du monde*, Bordas, 1922.

◆ Philonenko, *Schopenhauer*, Vrin, 1980.

◆ Collectif sur Schopenhauer : *Schopenhauer et la création littéraire en Europe*, sous la direction d'Anne Henry, Klincksieck, 1989.

◆ Cahier de l'Herne, *Schopenhauer*, 1997.

Divers

◆ *Douleurs du monde*, traduction de Bourdeau, notes et introduction de Didier Raymond, Rivages, 1991.

◆ *Insultes*, choix de textes, présentation et notes de Didier Raymond, Éditions du Rocher, 1991.

◆ *La Métaphysique de l'amour et de la mort*, préface de M. Guéroult, 10/18, 1964.

Mille et une nuits propose des chefs-d'œuvre pour le temps
d'une attente, d'un voyage, d'une insomnie…

La Petite Collection (extrait du catalogue). 279. Johann Wolfgang
GOETHE, *Élégies romaines.* 280. *Le Livre de Job.* 281. François VILLON,
Le Testament. 282. SÉNÈQUE, *La Vie heureuse.* 283. ARISTOTE,
Invitation à la philosophie. 284. Hubert HADDAD, *L'Âme de Buridan.*
285. Edgar Allan POE, *Les Lunettes.* 286. Choderlos de LACLOS,
Des femmes et de leur éducation. 287. Pierre LOTI, *Suleïma.*
288. Friedrich NIETZSCHE, *Deuxième Considération intempestive.*
289. Khalil GIBRAN, *Le Précurseur.* 290. Michel de MONTAIGNE,
Des Cannibales. 291. Arthur RIMBAUD, *Album zutique.* 292. Maître
ECKHART, *L'amour nous fait devenir ce que nous aimons.*
293. Edmond ABOUT, *Le Nez d'un notaire.* 294. Edith WHARTON,
Xingu. 295. Jean-Yves CENDREY, *Parties fines.* 296. Peter
SLOTERDIJK, *Domestication de l'être.* 297. Khalil GIBRAN, *Le Livre des
Processions.* 298. Thomas DE QUINCEY, *Le Mangeur d'opium.*
299. Joris-Karl HUYSMANS, *À vau-l'eau.* 300. Guy DEBORD,
Rapport sur la construction des situations. 301. Guy de MAUPASSANT,
Boule de suif. 302. Louis HENNIQUE et Henry CÉARD, *Deux nouvelles
naturalistes.* 303. Guy de MAUPASSANT, *La Nuit et autres nouvelles
fantastiques.* 304. MARIVAUX, *L'Île des Esclaves.* 305. SOPHOCLE,
Œdipe roi. 306. PLATON, *Criton, ou Du devoir.* 307. GUILLERAGUES,
Lettres de la religieuse portugaise. 308. René DESCARTES, *Discours de la
méthode.* 309. Alfred JARRY, *Ubu roi.* 310. Gustave FLAUBERT,
Hérodias. 311. Prosper MÉRIMÉE, *La Vénus d'Ille.* 312. George
SAND, *La Marquise.* 313. Pierre ABÉLARD, *Histoire de mes malheurs.*
314. Jean CASSOU, *La mémoire courte.* 315. Khalil GIBRAN,
Le Sable et l'Écume. 316. Octave MIRBEAU, *Le Mur.* 317. Jules
VERNE, *L'Éternel Adam.* 318. Jules RENARD, *Crime de village.*
319. Bram STOKER, *La Coupe de cristal.* 320. Edgar Allan POE,
Le Mystère de Marie Roget. 321. Fredric BROWN, *Cauchemard noc-
turne.* 322. Horace McCOY, *Le Nettoyeur.* 323. Robert BLOCH,
Les Hurleurs. 324. William IRISH, *Silhouette.* 325. COLLECTIF,
Attention au départ!. 326. Walt WHITMAN, *Le Poète américain.*
327. Emmanuel KANT, *Projet de paix perpétuelle.*

Pour chaque titre, le texte intégral, une postface,
la vie de l'auteur et une bibliographie.

49.4391.06.6
N° d'édition 13998
Achevé d'imprimer en février 2001,
sur papier Ensoclassique par G. Canale & C. SpA (Turin, Italie).